COLEÇÃO
PENSADORES & EDUCAÇÃO

Maturana & a Educação

Nize Maria Campos Pellanda

Maturana & a Educação

autêntica

Copyright © 2009 Nize Maria Campos Pellanda

COORDENAÇÃO DA COLEÇÃO PENSADORES & EDUCAÇÃO
Alfredo Veiga-Neto

CONSELHO EDITORIAL
Alfredo Veiga-Neto (UFRGS), *Carlos Ernesto Noguera* (Univ. Pedagógica Nacional de Colombia), *Edla Eggert* (UNISINOS), *Jorge Ramos do Ó* (Universidade de Lisboa), *Júlio Groppa Aquino* (USP), *Luís Henrique Sommer* (ULBRA), *Margareth Rago* (UNICAMP), *Rosa Bueno Fischer* (UFRGS), *Sílvio D. Gallo* (UNICAMP)

EDITORAÇÃO ELETRÔNICA
Tales Leon de Marco

REVISÃO
Lira Córdova

EDITORA RESPONSÁVEL
Rejane Dias

Revisado conforme o Novo Acordo Ortográfico.

Todos os direitos reservados pela Autêntica Editora. Nenhuma parte desta publicação poderá ser reproduzida, seja por meios mecânicos, eletrônicos, seja via cópia xerográfica, sem a autorização prévia da Editora.

AUTÊNTICA EDITORA LTDA.
Rua Aimorés, 981, 8º andar. Funcionários
30140-071. Belo Horizonte. MG
Tel: (55 31) 3222 68 19
Televendas: 0800 283 13 22
www.autenticaeditora.com.br

Dados Internacionais de Catalogação na Publicação (CIP)
(Câmara Brasileira do Livro, SP, Brasil)

Pellanda, Nize Maria Campos
   Maturana & a Educação / Nize Maria Campos Pellanda. – Belo Horizonte : Autêntica Editora, 2009. – (Coleção Pensadores & Educação)

   ISBN 978-85-7526-430-0

   1. Cognição 2. Educação - Filosofia 3. Maturana, Humberto, 1928- 4. Neurociênciacognitiva I. Título. II. Série.

09-08112	CDD-370.1

Índices para catálogo sistemático:
1. Maturana : Filosofia : Educação 370.1

Dedico este livro ao Pellanda, com muito amor. Na nossa longa vida em comum, ele tem me mostrado de maneira bem concreta o princípio de Maturana que o amor é, antes de tudo, a consideração do outro como legítimo outro. A capacidade de praticar a alteridade que encontro em meu companheiro me encheu de força para seguir adiante no meu caminho para lutar por uma educação que não levasse ao sofrimento, mas à constituição de si. Considero a autoconstituição como um processo que incorpora o "outro legítimo outro", como costuma dizer Maturana, ao mesmo tempo que cria um mundo, em vez de cair na ilusão de que podemos recebê-lo pronto.

O amor é o domínio das ações que constituem o outro como um legítimo outro.

As distintas emoções têm distintos efeitos sobre a inteligência; assim, a inveja, a competição, a ambição [...] reduzem a inteligência; só o amor amplia a inteligência. Por isso, para que o espaço educacional seja um espaço de ampliação da inteligência e criatividade, não pode haver avaliações do ser dos estudantes, só de seu fazer.

Humberto Maturana

Gostaria de agradecer a todas aquelas pessoas que me ajudaram de alguma maneira para que este livro se concretizasse. Começo por agradecer ao Dr. Alfredo Veiga-Neto, coordenador dessa linha editorial, bem como a pessoa que concebeu um projeto tão significativo cuja ideia central é articular a obra de alguns pensadores seminais do pensamento contemporâneo com as questões básicas da Educação. Muito obrigada pela confiança, entregando em minhas mãos um autor de tamanha grandeza humana e paradigmática como Humberto Maturana.

Gostaria ainda de agradecer o apoio e todo o aprendizado a companheiros, companheiras e bolsistas de meu grupo de pesquisa Grupo de Ações e Investigações Autopoiéticas (GAIA), da Universidade de Santa Cruz do Sul cuja companhia perturbadora tem me levado a reconfigurações constantes. Já não sou mais a mesma depois de ter convivido com essa turma. Agradeço também às companheiras de curso no Instituto Matríztico, de Santiago, pelo estímulo e pelo apoio. Nossa convivência lá e aqui, cotidianamente, tem me nutrido com as emoções amorosas das quais Maturana tanto fala. Obrigada Dulci Boettcher, Eunice Piazza Gai e Karla Demoly.

Por fim, um agradecimento muito especial à Dra. Clara da Costa Oliveira da Universidade do Minho, em Portugal, que me mostrou de maneira muito singular e forte o que significa viver na própria pele os pressupostos da teoria da Biologia do Amor.

Sumário

Maturana: na esteira da complexidade.................. 13
Biologia da Cognição: o grande giro
epistemológico... 21
    Nasce uma teoria revolucionária....................... 21
    A emergência de uma epistemologia complexa.......... 28
Viver é conhecer/conhecer é viver.......................... 37
Os desdobramentos epistêmicos, ontológicos e didáticos da teoria da Biologia da Cognição................ 41
Para além dos construtivismos................................ 55
A Biologia do Conhecer e a sociedade digital............. 63
Humberto Maturana: o ser humano, o educador e a teoria.. 69
Biologia do Amor: o refinamento da
teoria autopoiética.. 81
Pesquisas recentes nas neurociências e a atualidade
de Maturana... 85
Abrindo caminhos... 93
Referências... 99
Leituras recomendadas... 102

Sites de interesse.. 103
Cronologia de Humberto Maturana........................ 104
A autora.. 105
Glossário.. 107

MATURANA: NA ESTEIRA DA COMPLEXIDADE

> *A separação entre as ciências e a filosofia é o resultado de uma classificação artificial e esta separação de reflexão e ação limita a compreensão do que fazemos como seres humanos em nossa vida real e prejudica nosso entendimento dos distintos mundos que geramos em nosso viver [...]*
>
> Humberto Maturana

O século XX assistiu ao nascimento de uma grande revolução científica que deu origem a um novo paradigma em ciência: o da complexidade.

Uso aqui o conceito de paradigma no sentido concebido por Thomas Kuhn: quando o conjunto de teorias disponíveis numa época não dão mais conta de novos objetos da ciência, começam a emergir outras teorias que vão configurar um novo paradigma científico. Nesse conjunto, há sempre um grupo de pressupostos básicos e conceitos fundamentais que vai fazer o papel de urdidura de uma rede orgânica e coerente que é o paradigma. Kuhn considerou essa substituição de um paradigma por outro como revolucionário. Dificilmente dois paradigmas poderiam conviver juntos posto que as elaborações teóricas nas quais se baseiam são muitas vezes incompatíveis sob o ponto de vista lógico. Por isso, Kuhn (1992) chamou sua obra sobre esse tema de *Estrutura das revoluções científicas*.

Usamos o termo complexidade no sentido da não simplificação da realidade, mas pensando em termos de redes onde as diferentes dimensões da realidade se tecem de maneira conjunta e processual. Nesse sentido, assistimos à passagem da consideração das coisas para os processos e as redes.

O que o leitor vai encontrar nestas páginas são considerações sobre o conjunto da obra de Humberto Maturana em Biologia, sua relação com as questões do conhecimento e sobre a sua inseparabilidade de todos os processos vitais. Ao final, encontrará algumas considerações sobre os desdobramentos que a obra de Maturana teve em pesquisas recentes das neurociências. Sempre que possível, tento dirigir meu foco para as repercussões desses estudos em educação, no sentido em que os pressupostos da Biologia da Cognição por sua força epistemológica levam, necessariamente, a repensar as práticas educativas atuais.

As pesquisas de Humberto Maturana se constituem, verdadeiramente, em algo revolucionário e, por isso, acabam por romper com o paradigma cartesiano. Este emergiu com a modernidade e desde o século XIX está mostrando sinais evidentes de esgotamento, face ao surgimento de objetos cada vez mais complexos no trabalho científico que estão a desafiar as formas tradicionais de pesquisa. A ênfase aqui, portanto, será dada ao rompimento com o paradigma clássico e ao caráter complexo da obra de Humberto Maturana. Sigo em direção a uma nova cultura científica representada pelo paradigma da complexidade. Ao longo do texto, procurarei deixar claro os motivos e as condições dessa ruptura.

O paradigma cartesiano considera, por um lado, a realidade de forma linear, fragmentada como se fosse uma coleção de coisas e estável, e, por outro, o sujeito que estuda essas questões e é sempre externo a elas. Para Edgar Morin (1991, p. 13), este é o paradigma da simplificação porque se refere a um "modo mutilador de organização do conhecimento, incapaz de reconhecer e apreender a complexidade do real". O pensamento científico da modernidade, ainda que tenha sua importância histórica, pelos frutos em termos de avanços do conhecimento, começa, já há algum tempo, a mostrar suas limitações por ser simplificador e fechado. Sobre esse paradigma assim se expressava Bachelard (1985, p. 43) "[...] dele não se podia sair a não ser por arrombamento".

A emergência do paradigma da complexidade vai praticar esse arrombamento ao abordar a realidade de forma profundamente imbricada e dinâmica. Morin (1991, p. 17) considera "*complexus*: o que é tecido em conjunto".

Muitas foram as descobertas contemporâneas que causaram comoções no campo científico. O que Maturana fez com suas pesquisas foi ampliar e muito a compreensão do que significa ser humano. Ele fez isso não trabalhando isoladamente dentro das fronteiras da Biologia, mas num universo transdisciplinar complexo porque profundamente imbricado com outros campos do conhecimento e, ao mesmo tempo, numa abordagem conjunta das diferentes dimensões dos seres vivos. Mas é preciso dizer também que Maturana nunca deixou de afirmar que falava a partir da Biologia, que agia como um biólogo.

Maturana é um cientista complexo e perturbador. Ele vai se inserir num movimento científico que mudou a cara da ciência no século XX: o movimento cibernético. Esse movimento, por sua vez, vai dar origem a outro ainda mais amplo, que é o chamado Movimento de Auto-Organização. De agora em diante, quando fizer referência a esse Movimento, usarei apenas a sigla MAO. Essa denominação deve-se ao epistemólogo francês Jean-Pierre Dupuy, que encontrou similitudes lógico-formais entre áreas diferentes das ciências complexas, principalmente no que se refere ao princípio da auto-organização (Dupuy, 1996). Assim, Dupuy agrupou a Físico-química de Ilya Prigogine, a Cibernética, a Nova Biologia, a Etologia, a Antropologia e outras num conjunto coeso usando para isso o princípio do holismo epistemológico (Oliveira, 2004).

A Cibernética foi um movimento instigante. Desse movimento vai emergir uma ciência que é realmente complexa pois já nasce da junção de várias outras ciências que, sob o ponto de vista da ciência tradicional, estavam muito distante umas das outras. Assim, a Epistemologia, a Linguística, a Matemática, as Neurociências, a Antropologia, a Psicologia e outras se juntaram formando aquilo que conhecemos com o nome de Cibernética. Ela surge quando a ciência se vê frente a frente com problemas complexos como os de comunicação e os da mente. As questões da mente e da cognição, até então, haviam sido deixadas para a especulação filosófica e até mesmo discussões sem maiores rigores dentro da Psicologia. O movimento cibernético, ao tratar das questões do funcionamento interno dos sistemas complexos, traz os princípios de auto-organização e de recursividade com uma lógica circular muito diferente da lógica formal, como elementos-chave para entendermos uma realidade dessubstancializada e circular em fluxo constante, que se constitui continuamente com o efetivo operar de um sistema.

A cibernética desdobrou-se, principalmente pelos estudos de Heinz von Foerster, na biocibernética, para a abordagem dos mecanismos da vida. Foi por essa trilha que andaram Humberto Maturana, Francisco Varela e Henri Atlan. Mais tarde, Maturana juntou-se a outro biólogo, Varela, seu discípulo e bem mais jovem do que ele. Juntos elaboraram a teoria da Biologia do Conhecer, que revolucionou não somente a Biologia como também a Epistemologia, ao mostrar a inseparabilidade entre o viver e o conhecer tão bem expressa no aforismo: "Viver é conhecer" (MATURANA; VARELA, 1990, p. 116).

Heinz von Foerster (2003), o homem da Segunda Cibernética, mostrou mecanismos cibernéticos mais complexos ao trazer, para a roda de discussão dos cibernéticos, a inclusão do observador no sistema observado e a demonstração do princípio da "ordem pelo ruído". Atlan, baseado nesse princípio, desenvolveu uma teoria da aprendizagem que se chamou "complexificação pelo ruído", mostrando o processo evolutivo em marcha, destacando nele o papel da produção da diferença e da singularidade. Ora, isso era muito novo em ciência naquela época, pois a prática científica consagrada era, e ainda é, em grande parte, a busca de generalizações e previsões (ATLAN, 1992).[1] Neste livro vou ficar apenas com a teoria da biologia do conhecer, pois meu foco é a repercussão da obra de Humberto Maturana para a educação, mas faremos algumas referências breves à obra de Atlan, já que o nascimento das teorias de ambos os cientistas é feito de maneira muito conectada com as origens cibernéticas, principalmente em relação à fonte foersteriana. A teoria da biologia da cognição de Maturana e Varela tem profundas implicações para a Educação, pois, para eles, o viver não se separa do conhecer, como já referido, o que nos obriga a refletir profundamente sobre os métodos pedagógicos tradicionais em termos de ver neles processos mecânico-formais, estranhos ao viver e, muitas vezes, indesejáveis para a ontogenia dos sujeitos cognitivos.

Anteriormente a esses estudos, Jean Piaget, epistemólogo suíço, com sua epistemologia genética, rompe com as posturas inatistas e empiristas em relação ao conhecimento trazendo, através de seus colaboradores diretos, importantes contribuições para a educação. Tal como os biólogos citados, Piaget também parte de um olhar biológico para entender as questões do conhecer. Essas contribuições baseiam-se nos pressupostos básicos de que o conhecimento não está no sujeito nem no objeto, mas na relação (PIAGET, 1983). Mas Maturana vai muito mais longe questionando a objetividade de um mundo externo a nós que, para ele, somente existe na medida em que o criamos com o nosso fazer e o nosso linguajar (MATURANA; PORKSEN, 2004). Em termos de complexidade, encontramos limites importantes em Piaget, ainda que este tivesse trabalhado com princípios cibernéticos de complexificação. Esses limites podem ser localizados nos seguintes aspectos da obra piagetiana:

---

[1] O nome do livro de Henri Atlan no qual se publica a referida teoria é *Organisation biologique et théorie de l'information,* e data do ano de 1971.

- na dicotomia sujeito/objeto uma vez que esse epistemólogo privilegiou as questões lógicas sobre as emocionais;

- numa certa previsibilidade de sequências de desenvolvimento dos seres humanos;

- na captação de elementos externos ao sistema vivo com a consequente aceitação de representações.

Esses elementos, como veremos mais tarde, implicam certo apriorismo, o que está em franca oposição com a ideia de fluxos e devires da complexidade. A abordagem de Maturana não guarda nenhum apriori, pois, para ele: "O futuro de um organismo nunca está determinado em suas origem. É a partir da compreensão desse fato que temos que considerar a educação e o educar" (MATURANA, 1991, p. 26).

Maturana e Varela trabalharam juntos por um período muito produtivo. Mais tarde, se separaram e cada qual seguiu seu caminho sem, no entanto, abandonarem os princípios básicos da *autopoiesis*, eixo teórico que deu às suas teorias a dimensão da complexidade. Varela trabalhou na sua teoria da Enação, e Maturana, na Biologia do Amor. Daqui para frente, neste texto, irei me dedicar basicamente à obra de Maturana e sua relação com a Educação. No entanto, como essa parceria marcou profundamente a obra dos dois, voltarei a Varela quando os pressupostos estiverem muito entrelaçados. A obra científica de Francisco Varela, que não é tema deste livro, se reveste de grande importância devido às questões fundamentais que levanta em relação ao papel do ser humano na constituição de sua própria realidade como, ainda, aos estudos profundos sobre imunologia. No final de sua vida, Varela dedicou-se a desenvolver com seus colaboradores uma "Metodologia da primeira pessoa" para dar conta daquela necessidade ôntica fundamental que é incluir o sujeito-autor que se constitui a si mesmo no viver e que havia sido banido pela ciência clássica. Esta praticou sempre uma ciência sem sujeito, ou melhor, trabalhou com um sujeito-fantasma sem que se considerasse o papel concreto deste na constituição da realidade e, portanto, do conhecimento e de si mesmo.

O importante aqui é deixar bem claro que a ciência está passando por uma profunda transformação através de pesquisas de ponta que estão sendo feitas nas fronteiras dos limites disciplinares. Esse processo é um desdobramento da grande revolução paradigmática iniciada no século passado. Assim, conceitos advindos da termodinâmica, da biologia e das neurociências começam a ganhar força operatória e aglutinadora e nos servem para uma abordagem mais efetiva de uma realidade sempre em devir e na qual o papel criador de cada ser humano é central para a configuração dos modos de viver. Expressões tais como perturbação, aprendizagem pelo ruído, ordem a partir do caos, invenção de si e da realidade e flutuações serão enfatizadas neste texto como instrumentos da construção de conhecimento, de sujeito e de realidade de forma inseparável, como é marca do pensamento complexo.

A educação escolar, salvo raríssimas exceções, não está sintonizada com as novas descobertas científicas. Um dos objetivos mais importantes deste texto é "provocar" os educadores para refletir sobre uma nova abordagem da Educação à luz de um novo paradigma. Espero que as reflexões sobre a obra de Humberto Maturana que vão encontrar neste livro possam ter esse efeito desestabilizador e reconfigurador de nossas práxis e elaborações teóricas.

BIOLOGIA DA COGNIÇÃO:
O GRANDE GIRO EPISTEMOLÓGICO

> *Fiz uma virada metafísica, passando da metafísica tradicional que postula que o mundo vivido por nós já existe antes que nós o vivamos para uma metafísica onde o mundo que vivemos começa a existir no momento em que o criamos através de nosso fazer.*
> Humberto Maturana

Nasce uma teoria revolucionária

> *O príncipe-pássaro rompeu seus laços; dirige seu vôo em direção ao sul e à Gaia ciência, a ciência do viver e da salvação, do gozo, da poesia, do amor (que ironia)*
> Friederich Nietzsche

Nesta parte do texto, vou tentar pensar sobre a profundidade e o alcance desse giro epistemológico bem como a plataforma de onde partiu Maturana para que esse salto fosse possível.

Ainda que Maturana e Varela tenham bebido na fonte cibernética ao usar algumas noções-chave dessa tendência científica, tais como auto-organização, *feed-back*, sistema e outras, a identificação desse cientistas não foi com a primeira cibernética, ainda um tanto próxima do behaviorismo, mas com a Segunda Cibernética, concebida por, Heinz von Foerster.

Como já referido, o movimento cibernético foi muito importante para garantir uma virada na ciência. Uma primeira fase do grupo ainda estava presa a questões determinísticas e tinha dificuldades de lidar com o aleatório. Mas já aparece nessa etapa os elementos que seriam desestabilizadores do paradigma: uma lógica de rede, de não linearidade, presente no pressuposto da recursividade e, principalmente, a emergência do princípio de auto-organização. Dito em outras palavras: não se tratava mais de simples entradas e saídas (*input* e *output*), como no behaviorismo, mas já ficava evidente um trabalho interno do sistema, graças ao princípio de auto-organização. Ora, esse princípio vai levar à complexidade, porque dispara movimentos que são irreversíveis e não previsíveis num processo de complexificação crescente. Isso traz para o cenário científico a necessidade de conceitos operatórios como invenção, produção de diferença e perturbações. É nesse sentido que uso esses termos ao longo do texto.

É a partir da Segunda Cibernética que as teorias da biologia complexa de Atlan e Maturana-Varela são impulsionadas com muita força, pois é nelas que se encontra uma plataforma importante para esses estudos de vanguarda decolarem. A teoria da Biologia do Conhecer se constitui quando, nos seus estudos, Maturana e Varela perseguem o princípio de von Foerster (2003): os sistemas vivos são fechados para a informação e abertos para os fluxos de energia. Maturana e Varela, portanto, ainda que tenham origem no movimento cibernético, não se identificam com os modelos cognitivistas que consideram o conhecimento como processamento de informações baseado em entradas e saídas e em representações. Por outro lado, a teoria de Atlan da Complexificação pelo ruído se constitui a partir do princípio "Order from noisy" (ordem a partir do ruído).

A proposta de Maturana e Varela é claramente ousada na medida em que rompe não somente com o inatismo e o empirismo, mas também com a ideia da captação de um mundo objetivo lá fora, independente da ação do sujeito que conhece e que se constitui ao atuar. São abolidas as ideias de entradas e saídas, e o que o sistema percebe é a partir de perturbações.

O conceito de *autopoiesis* é um elemento organizador e, algumas vezes, chega a ser confundido com a própria teoria. Alguns estudiosos referem-se à teoria da Biologia do Conhecer, ou, ainda, Biologia da Cognição, como teoria da *Autopoiesis*. Na verdade, esse conceito funciona como um modelo explicativo do funcionamento dos seres vivos como sistemas fechados. Trata-se, primordialmente, de um conceito operacional.

O termo *autopoiesis* foi cunhado por Maturana. Para isso, recebeu também a colaboração de Varela e de alguns amigos cientistas. A palavra procede de dois vocábulos gregos: *auto* – por si e *poiesis* – produção. Portanto, *autopoiesis* expressaria a ideia de autoprodução dos seres vivos, o que foi aplicado originalmente ao funcionamento das células como sistema que produz a si mesmo ao operar no processo de viver.

Antes de tentar explicar um pouco melhor a teoria, começo por esclarecer algo sobre a lógica subjacente ao conceito e à própria teoria. Nós, no Ocidente, estamos profundamente marcados por uma lógica linear, ou seja, pensamos em termos de uma linha de causas e efeitos. É uma lógica simplificadora na medida em que exclui uma terceira possibilidade – se é isso, então não pode ser aquilo. No caso do conceito de *autopoiesis* e de toda a teoria que ele sustenta, existe uma lógica que é circular – o efeito rebate sobre a causa que, por sua vez, faz disparar outros efeitos. Um exemplo concreto dessa lógica é a circularidade do viver/conhecer/viver. Além disso, trata-se de um conceito complexo porque um sistema autopoiético implica, simultaneamente, autonomia (sistema fechado) e aberturas (sistema aberto) através das trocas energéticas com o exterior. Sendo assim, há um princípio de complementaridade onde situações muito diferentes podem conviver e não acarretam exclusão de um terceiro termo.

Retomando, então, podemos dizer que *autopoiesis* por extensão, está relacionada com o processo geral de autoprodução do vivo. Isso quer dizer que os organismos vivos estão organizados de tal forma que os resultados de suas relações com o meio no qual vivem produzem novamente os mesmos componentes. Trata-se do princípio de fechamento do sistema do qual falava antes. Isso leva ao princípio da autonomia que tenho enfatizado como fundamental dentro do MAO.

Para explicar melhor esse funcionamento complexo dos seres vivos, podemos usar as noções de máquinas autopoiéticas e máquinas alopoiéticas. As primeiras seriam aquelas que produzem a si próprias na ação. Os seres vivos são máquinas autopoiéticas porque o resultado de seu operar é sempre eles mesmos, não dependendo de um administrador externo ao sistema. As máquinas alopoiéticas, por outro lado, seriam aquelas que produzem algo diferente do que elas mesmas, como, por exemplo, uma máquina de coca-cola produz coca-cola, o que é diferente da própria máquina. Esse tipo de máquina depende de alguém fora do sistema para operá-la ou, pelo menos, para colocá-la em funcionamento.

Maturana e Varela partem, portanto, da ideia de que os seres vivos são máquinas que funcionam com base num princípio homeostático e, por isso, são autônomas no sentido de que se auto-organizam. Eles salientam que o que lhes interessa não são os componentes, mas a organização dessas máquinas. É bom lembrar que o termo homeostase foi cunhado por Walter Bradford Cannon, em 1932, ao pesquisar o equilíbrio dinâmico de um organismo vivo cuja temperatura do sangue se mantém constante independentemente da temperatura externa. Essa descoberta já antecipa as outras que viriam com o MAO, cujo eixo é o princípio de auto-organização.

A noção de *autopoiesis* implica, portanto, a construção do mundo de forma autônoma, ou seja, não existe um mundo externo objetivo independente da ação do sujeito que vive e conhece ao mesmo tempo. O mundo emerge junto com a ação/cognição do sujeito. E cognição nessa teoria tem um sentido biológico, pois considera a vida como um processo cognitivo.

O sujeito vive e sobrevive porque produz conhecimento que é instrumento através do qual se acopla com a realidade.

Aqui também Saliento a noção de emergência, que é uma propriedade dos sistemas complexos. As coisas emergem a partir do efetivo operar no sistema e são elementos que não estavam presentes no nível anterior. A questão da emergência, portanto, passa a ser observada pelos cientistas em condições de complexidade. O processo de complexificação depende das emergências de um sistema ativo. Até aqui podemos constatar que existem duas importantes condições que marcam os sistemas complexos: a auto-organização a partir do caos e a emergência. Esses elementos estão presentes de forma profunda nas teorias biológicas referidas. Existem outras condições que irei registrando ao longo do texto.

Por que condições caóticas? Onde entra o caos nessas teorias? Como diz James Gleick (1988, p. 3), um estudioso do caos e da configuração de um novo paradigma: "Onde o caos começa, a ciência clássica se detém". Em outras palavras, a abordagem a partir do caos se refere a processos e movimentos em vez de estados e coisas. É a abordagem do devir e dos fluxos. Isso está no coração dessa nova biologia, e Maturana (1999, p. 27) se refere ao caos justificando seus pressupostos básicos da seguinte maneira: "O fenômeno histórico é um contínuo surgir do caos [...]".

Nessa perspectiva que estou analisando, aquilo que vem de fora não determina ou instrui o que acontece internamente num sistema vivente, mas apenas perturba, disparando processos que são autônomos e homeostáticos, ou seja, autorreguladores. Nesse sentido, o papel do ruído, do caos inicial ou da desordem é fundamental. Do "caos ao cosmos", já nos ensinava a sabedoria grega. O papel do caos inicial, ou seja, do ruído, é organizador, pois levaria, na concepção do paradigma da complexidade, a um processo de complexificação que podemos entender como um desenvolvimento mais elaborado rumo a situações de maior autonomia. Aqui aparecem, então, outras marcas da complexidade – a presença do ruído e do aleatório. Para explicar um pouco melhor esse funcionamento, reproduzo as palavras dos autores da teoria em questão:

> Uma máquina autopoiética continuamente especifica e produz sua própria organização através da produção de seus próprios componentes, sob condições de contínuas perturbações (produção de componentes). Podemos dizer então que uma máquina autopoiética é um sistema homeostático que tem a sua própria organização como a variável que mantém constante. (MATURANA; VARELA, 1995, p. 69)

Entra, então, o papel do observador. Com essa concepção de sistema fechado, o que observamos é sempre a partir de nós mesmos. A ciência clássica nos acostumou a pensar como se estivéssemos fora daquilo que observamos. Do ponto de vista da estrutura dos sistemas vivos, como muito bem explica Maturana, não podemos ser externos à observação. Por isso, é sempre a voz do observador que ouvimos quando alguém explica algo. Para Maturana, o observar faz parte não somente da geração do fenômeno a explicar, como também da própria ontologia de cada observador. Diz ele sobre o observar: "Aqui entramos no terreno das ontologias: o ser se constitui através do fazer do observador" (MATURANA, 2004, p. 51).

Para aprofundar essa questão da observação, Maturana se apoiou muito na obra de Von Foerster. Esse cientista não cansava de repetir que "os objetos não estão simplesmente ali" e que nem mesmo as leis da natureza "estão simplesmente ali" (VON FOERSTER, 1996, p. 17). A realidade emerge com a ação do observador e, por isso, é importante entendermos o processo mental envolvido nessa aparição.

Profundamente imbricada nessa concepção de sistema fechado e do funcionamento autopoiético dos seres vivos está a questão da representação. Nessa perspectiva, a representação de algo externo dentro do ser é impossível. Transcrevo as palavras de Maturana (1999, p. 36) para ilustrar minha afirmação anterior:

> Eu estava negando a noção de representação no momento em que comecei a encarar o sistema nervoso

como um sistema fechado. A noção de representação para mim se acaba no momento em que me dou conta de que a atividade da retina não pode ser correlacionada com as características do estímulo; o que posso correlacionar com a atividade da retina é o nome dado à cor. Portanto, a cor, a experiência cromática, deixa de ser uma representação do mundo, passa a ser uma configuração do mundo.

A tradição da ciência moderna nos acostumou a ver o mundo como representação, no sentido daquela fragmentação entre as diferentes dimensões da realidade sobre a qual tenho insistido em todo este texto. A própria Física clássica nos ensina que as cores têm o aspecto que têm devido ao comprimento de ondas que incidem sobre elas. Para Maturana, no entanto, firmemente ancorado em pesquisas empíricas em alguns animais, a capacidade de ver dos seres vivos é um fenômeno subjetivo porque está relacionado não a um muito objetivo lá fora, mas à estrutura neurofisiológica do sujeito que conhece. O giro epistemológico trazido pela Biologia do Conhecer, operando com a ideia de sistemas fechados, nos obriga a nos repensar em termos de cognição e relação com o mundo, em forma de desempenho concreto e invenção, e não de representação.

Maturana chegou a essas constatações sobre o observador, as cores e a relação dos organismos vivos com a realidade circundante a partir de pesquisas empíricas do maior rigor em biologia. Voltando ainda à questão da percepção das cores para focar novamente na representação, Maturana, trabalhando com sapos e pombas,[2] em colaboração com outros cientistas, chegou a algumas conclusões fundamentais para continuar desenvolvendo sua teoria. Em primeiro lugar, ele mostrou que a visão nesses seres era um fenômeno cognitivo na medida em que, ao perceber cores, essa sensação era computada em relação a um comportamento apropriado

---

[2] O artigo seminal dessas pesquisas foi intitulado: "O que o cérebro da rã diz ao cérebro da rã?", publicado em 1959.

em termos de agir adequadamente num determinado contexto. Mais tarde, no desdobramento dessas pesquisas, esses cientistas chegaram a constatações que foram estratégicas para o refinamento do conceito de *autopoiesis* e o papel da autonomia nos seres vivos. E resumindo, de forma muito simplificada, essa fase de pesquisa, podemos dizer que a geometria das células da retina não tem nada a ver com a geometria do objeto visual externo. Mas "[...] a geometria do objeto visual tem a ver com a resposta daquelas células" (Maturana, 1980, p. XIV).

Esses fatores que analiso aqui mudam tudo o que sabíamos sobre conhecer. É por tudo isso que Maturana não pergunta mais: "O que é cognição?". Mas indaga: "Em que condições acontece a cognição?" (Maturana, 1980, p. XIV) Explicando com outras palavras: O que eu faço para conhecer tal coisa? Para Maturana, a cognição é inseparável do processo de viver e não pode ser considerada fora dessa condição. Essas perguntas têm como consequência radical o surgimento de uma nova epistemologia. Não se trata mais de uma Epistemologia com E maiúsculo, mas de epistemologias singulares, resultantes do próprio processo de viver/aprender de cada ser (Bateson; Bateson, 2000).

Uma das discordâncias de Maturana em relação à Piaget refere-se justamente à representação. Piaget, em toda a sua obra, faz sempre referência à captação de elementos externos, enfatizando o papel da representação. A ideia de representação, portanto, referenda a existência de um mundo objetivo independente da ação do observador.

A emergência de uma epistemologia complexa

As regras do universo que acreditamos conhecer estão profundamente incorporadas a nossos processos de percepção.

G. Bateson

As ideias seminais que emergiram com o movimento cibernético, principalmente em sua segunda fase, a cibernética de segunda ordem, causam uma perturbação muito grande no mundo científico e forçam as coisas no sentido de uma reconfiguração. A mudança de eixo com ênfase na realidade externa para a realidade interna, ou seja, para o foco no organismo vivo como um sistema, fechado para informação vai exigir, necessariamente, uma nova epistemologia. Essa nova atitude epistemológica terá que dar conta do trabalho interno do sistema se organizando e se complexificando a partir dos ruídos externos que nunca são instrutivos ou determinantes, mas apenas desencadeadores de auto-organização. Esta seria, antes de tudo, uma epistemologia do "conhecer o conhecer". A partir daqui, uma nova epistemologia está a espera de um trabalho de constituição como um corpo sistemático e coerente.

O princípio da auto-organização está presente na natureza, nos processos vitais e até mesmo nas máquinas. Na natureza e na vida, podemos ver o processo de complexificação crescente numa espiral evolutiva que levou ao cérebro complexo e, portanto, à consciência.

O funcionamento do princípio de auto-organização envolve uma não linearidade e a presença do aleatório como já mencionado aqui. Mas retomo a questão porque nos processos aleatórios reside a possibilidade da criação e a da diferença que são elementos fundamentais para que os seres vivos possam existir e devir. Desses elementos, portanto, podemos inferir questões epistêmicas e ontológicas da maior importância porque estão estreitamente ligadas à evolução biológica. Nesse sentido, Bateson equiparava a evolução à aprendizagem no que foi um dos pioneiros na concepção de uma epistemologia complexa (BATESON, 1991; BATESON; BATESON, 2000). Bateson foi um dos cientistas desse movimento que estamos analisando que mais contribuiu, juntamente com Von Foerster, para pensar uma epistemologia da complexidade. Suas palavras podem reforçar o que estou afirmando:

[...] definirei Epistemologia como a ciência que estuda o processo de conhecer: a interação da capacidade de responder às diferenças por um lado, com o mundo material no qual de algum modo se originam essas diferenças, de outro lado. (BATESON; BATESON; 2000, p. 33)

A Epistemologia Complexa, a ser sustentada nos princípios de funcionamento de um sistema recursivo e autoprodutor, terá de se constituir a partir da premissa do efetivo desempenho e não de um desempenho previsto. Aparece mais um distanciamento com a Epistemologia Genética, de Jean Piaget, em termos de que esse epistemólogo concebia a sucessão de fases e, portanto, trabalhava com uma certa previsibilidade. Esse fator do efetivo desempenho tem implicações epistêmicas e ontológicas profundas porque depende da ação autônoma do sujeito no momento presente, envolvendo-o por inteiro. Nesse sentido, essa epistemologia é complexa porque as perguntas feitas nela se dirigem ao ser e ao conhecer ao mesmo tempo e são questões que envolvem a experiência pessoal de cada sujeito epistêmico – um "como faço para conhecer?" e não – "o que é isso?" Dessa forma, como tenho recursivamente defendido, nessa abordagem da realidade não se trabalha com a hipótese de um mundo objetivo lá fora a ser captado e representado pelo sujeito, mas esse mundo depende de sua participação dinâmica nele em termos de auto-organização, autoexperimentação e ação.

Bateson faz uma crítica contundente à simplificação da epistemologia cartesiana que separava mente e corpo. Para ele, isso representou o estabelecimento de "premissas letais" que marcaram a humanidade (BATESON; BATESON, 2000). É justamente o rompimento com essa epistemologia e o caráter de inseparabilidade das diferentes dimensões da realidade da abordagem da epistemologia complexa, portanto, de cunho cibernético que constituem a ênfase de minha abordagem neste trabalho. Muda-se, portanto, o foco da epistemologia clássica "como é possível conhecer algo?" – para "como se dá efetivamente esse processo de conhecer no agir dos seres humanos na sua vida cotidiana?".

A epistemologia complexa, como tem sido sugerido, ainda não é um corpo sistematizado de pressupostos que configurem uma disciplina específica. O que existe realmente são pressupostos epistêmicos e ontológicos que emergem dos trabalhos cibernéticos e têm sido usados pelos membros do MAO, para dar conta da cognição como um processo biológico. Penso que essa sistematização ainda está a espera do trabalho de algum pesquisador. Os cientistas que chegaram mais perto e trabalharam mais intensamente nessas questões foram, sem dúvida, Gregory Bateson, Heinz von Foerster, Henri Atlan, Humberto Maturana e Francisco Varela. É importante aqui lembrar de que não se trata de uma simples enumeração desses estudiosos, pois eles carregam profundo parentesco epistêmico entre eles. Não podemos, porém, esquecer de reconhecer o esforço de muitos outros que trabalharam e têm trabalhado nesse sentido. Foram Von Foerster, Bateson e Maturana, certamente, que impulsionaram essas questões até um limite de quebra paradigmática. O último foi profundamente influenciado pelo primeiro. Conta-se que perguntaram a Bateson quem continuaria seu trabalho quando ele morresse, ao que respondeu prontamente que, no Chile, Humberto Maturana faria esse papel. Mas, enquanto esse trabalho de sistematização mais intenso não acontece, sigo usando de forma operatória esses princípios e conceitos cibernéticos que estão sendo arrolados ao longo do trabalho, em minhas pesquisas sobre cognição e subjetividade. Ao fazer isso, tenho como eixo de minhas pesquisas a noção de que essas dimensões da realidade do ser vivo emergem juntas no processo de viver (PELLANDA, 2006).

Prosseguindo na caracterização de uma epistemologia complexa, destaco um elemento-chave desse campo que é a questão de que ele não trabalha com objetos essencializados, mas com processos e relações. Nesse sentido, o trabalho do grupo de pesquisa do qual faço parte tem procurado dar alguma contribuição no que se refere ao tratamento da realidade considerada em seu devir, que não pode, por exemplo, trabalhar com categorias. É por isso que procuramos romper com essas ideias, apelando para os padrões e marcadores. As ideias de padrões que se repetem e vão dinamicamente configurando realidades busquei em Bateson (1991). Ancorado nos princípios cibernéticos, esse estudioso defende a ideia de que sistemas se autoconstituem através de repetição de padrões. Esse pressuposto epistemológico subjaz a todo o paradigma da complexidade e pode ser constatado, já no começo do século, de maneira incisiva na Física Quântica. Foi exatamente isso que Bachelard (1985, p. 38) quis dizer com a constatação da necessidade urgente de uma "epistemologia não-coisista".

Heinz von Foerster deu um impulso decisivo nesses estudos epistemológicos, ao propor a inclusão do observador na realidade observada por ocasião do surgimento da Segunda Cibernética, como já discutido no presente trabalho. Foi então que ele formulou seu famoso princípio da "ordem pelo ruído" para entender os processos cognitivos em desenvolvimento a partir do princípio da auto-organização. Quero enfatizar o fato de que essa formulação foi muito profícua, tendo resultado no impulso para uma epistemologia complexa que vai aparecer não somente em Maturana, como estamos analisando mas, também em outros importantes pesquisadores. Entre eles, podemos destacar o trabalho de Henri Atlan (1992) que tomaria esse princípio para desenvolver sua "Teoria da complexificação pelo ruído" que tratava da aprendizagem em termos biológicos.

A teoria de Atlan implica um processo auto-organizador que vai se complexificando à medida que o ruído vai adquirindo "significação". Há, nesse caso, também um pressuposto termodinâmico que ele usa para mostrar que a entropia do ruído vai se reverter em energia com a ordem emergente. É precisamente nesse trabalho que emerge a significação. Para isso, o aleatório é fundamental porque, a partir dele, se produz a diferença que tem um caráter evolutivo de autoprodução do vivo. A redundância, pelo contrário, aumenta a ignorância ao negar a diferença. Aí reside a cognição: esse trabalho biológico do sistema em sua adaptação complexa e criativa ao ambiente. Como diz Atlan (1992, p. 123): "[...] é como se o nosso aparelho cognitivo fosse uma espécie de aparelho criador, mais uma vez de uma ordem cada vez mais diferenciada, ou seja, da complexidade a partir do ruído".

Dessas ideias, podemos deduzir uma epistemologia complexa e marcadamente cibernética que fica bem expressa nas ideias atlanianas de rompimento com o determinismo do genoma, segundo o qual tudo aconteceria de acordo com a inscrição genômica ao nascer. As ideias de "consciência de si e vontade de ser" (ATLAN, 1992) são consideradas ainda por muito cientistas como meras ilusões espiritualistas. Atlan vai desenvolver uma convincente argumentação lógica, para nos mostrar a emergência desses elementos a partir do princípio de auto-organização e sustentado pelo princípio da irreversibilidade da Física, onde o papel das flutuações aleatórias em situações longe do equilíbrio vai levar à produção do novo e à invenção. Com isso, ele vai empreender "uma compreensão cibernética dos organismos" (ATLAN, 1992, p. 117).

Em seu trabalho com o princípio da "ordem pelo ruído", de Von Foerster, Atlan elabora uma teoria da aprendizagem pela complexificação de um sistema auto-organizador. Ele fala de aprendizagem não dirigida mostrando que um sistema desse tipo, ao ser submetido à aleatoriedade do ambiente, vai criando padrões por diminuição da redundância. Nesse processo, o sistema vai refinando os padrões, tornando-os cada vez mais singulares pelo aumento da diferenciação do sistema e pela diminuição da indiferenciação. A complexificação se dá na redução da redundância e no aumento do trabalho interno do sistema ao ter que enfrentar o caos.

A consideração do observador como aquele que está incluído na realidade observada, força ainda mais o caminho para uma epistemologia complexa. Von Foerster (2003, p. 247) descreve essa preocupação nos seguintes termos: "O que nós necessitamos agora é a descrição do 'descrevedor' ou, em outras palavras, nós necessitamos uma teoria do observador". Ele dedicou-se intensamente a essa tarefa até o fim de seus dias.

Uma das questões mais significativas levantadas por Von Foerster em sua abordagem cibernética da Epistemologia foi a de como dar conta dessa processualidade da cognição que já não se referia mais ao estudo de um mundo objetivo, mas à ação do observador. Nesse sentido, ele insistia numa tarefa de clamar por uma epistemologia do "Como nós conhecemos" em vez de "O que nós conhecemos" (VON FOERSTER, 2003, p. 248). Essa tarefa foi retomada por Maturana nos seus estudos da Biologia da Cognição, o que ele levou até as últimas consequências. Maturana, atualmente, tem percorrido o mundo mostrando em suas palestras o alcance epistêmico e ontológico dessas descobertas.

Von Foerster ficou encantando com as pesquisas de Maturana e, por esse motivo, convidou-o a participar da equipe do Biological Computer Laboratory (BCL), nos Estados Unidos, da Universidade de Illinois. Von Foerster criou esse laboratório para estudar os sistemas auto-organizados e, por mais de duas décadas, atraiu importantes pesquisadores dessas área. Como resultados concretos desses estudos surgiram modelos de sistemas auto-organizados muito significativos. Quando se aposentou nessa universidade, passou a dirigir seu foco nas questões da sistematização de uma epistemologia complexa de cunho cibernético: <http://www.ece.uiuc.edu/pubs/centhist/six/bcl.htm>.

Maturana, com todo esse suporte, vai nos mostrar o conhecer como ação concreta em um determinado domínio cognitivo. Por esse motivo, conhecer para ele não é, de forma alguma, a descrição por parte de um sujeito de um mundo objetivo. Para conhecer, o sujeito cognoscente precisa agir em um domínio específico, e o conhecimento que emerge é inseparável da construção de uma realidade e do próprio sujeito. Antes de tudo, conhecer para Maturana é um processo inerente ao viver pois a vida é para ele, com o também para Varela, um processo cognitivo. Com isso, voltamos ao aforismo básico de Maturana (2004) que envolve a lógica circular da complexidade: "Viver é conhecer. Conhecer é viver" (MATURANA, 2004).

Com base nesses pressupostos cibernéticos arrolados nesses últimos parágrafos, podemos definir cognição como o conjunto de interações de um sistema que se mantém vivo porque consegue se auto-organizar face ao ruídos perturbadores do meio (interno ou externo), transformando essas perturbações em padrões criativos que aumentam a diferenciação do sistema tornando-o mais capaz de enfrentar novos ruídos. Com esse trabalho do sistema emergem processos de complexificações sempre crescentes e sempre em devir.

O devir está no âmago da questão epistemológica e ontológica do conhecer naquela perspectiva anunciada por Maturana e Varela de que conhecer é viver. (op.cit) Vivemos no fluxo e é nele onde aprendemos nos acoplando com a realidade e, ao mesmo tempo, constituímos conhecimento de forma autopoiética. Como dizem Deleuze e Parnet (1999, p. 10): Devir é jamais imitar, nem fazer como, nem ajustar-se a um modelo, seja ele de justiça ou de verdade" (DELEUZE; PARNET; 1999, p. 10).

No fundo de tudo, está o pressuposto fundamental de que ao nascer não estamos prontos, mas precisamos, ao longo de nosso acoplamento com a realidade, a cada momento de nossa vida, ir construindo nosso conhecimento. Em outras palavras, precisamos ir nos inventamos e vivendo à nossa própria custa, pois também não vem de fora de nós o que precisamos para viver. Nesse sentido, lembro mais um vez, conhecer não diz respeito somente ao intelecto, mas a todas as dimensões da nossa vida, ao nos constituirmos como subjetividade singular. Somos autores de nossa própria vida ao produzir diferença no processo evolutivo

Viver é conhecer/conhecer é viver

> [...] *toda a experiência cognitiva envolve o que conhece de uma maneira pessoal, enraizada em sua estrutura biológica.*
>
> Maturana e Varela

> [...] *conhecer, fazer e viver não são coisas separáveis e a realidade assim como nossa identidade transitória são companheiros de uma dança construtiva.*
>
> Francisco Varela

Um dos enunciados fundamentais da teoria da Biologia do Conhecer é expresso em forma circular: "Viver é conhecer. Conhecer é viver". Por esse motivo, penso que seja importante destacá-lo, uma vez mais, para focar um pouco melhor o seu significado e a sua relação com o conjunto da teoria, bem como, explicar um pouco mais a abordagem circular sobre a qual tanto tenho insistido. Incluo ainda, nessa explicação, o papel do observador. Para isso, nada melhor que a própria explicitação de Maturana (*In* MATURANA; PORKSEN, 2004, p. 26):

> Tive que explicar o observador (eu mesmo) e o observar (meu ato de observar) como observador que observa e tinha que fazê-lo sem nenhuma suposição ontológica prévia sobre o observar, e sob a condição de que o observador surge de seu operar como observador, e,

precisamente, não existe antes de sua própria distinção. A tarefa que empreendi era uma tarefa circular; queria explicar o que se passa nessa estranha circularidade, sem sair dela (queria explicar o conhecer através do conhecer). Portanto, tinha que explicar tudo o que fazem os seres humanos através do que fazemos e não mediante à referência a um domínio existencial independente de nós.

O que está no centro dessa questão da inseparabilidade da qual estou tratando é justamente a ideia de um mundo que não está pronto quando chegamos nele e que o conhecer é o instrumento principal dessa construção. Não temos a comodidade de um mundo externo como referência permanente, mas de um mundo que depende da ação e da vontade de cada um de nós para acontecer. E não se trata de um conhecer formal, independente da ação do sujeito epistêmico, como defende a apistemologia clássica, mas, um conhecer que é o próprio processo de funcionamento dos seres vivos. O que está implícito aqui é a ideia de fluxo constante, de viver, de tornar-se. Fugindo do essencialismo do "o ser humano é" buscamos a lógica dos seres humanos como "fenômenos que acontecem" no processo de viver. Por isso, Maturana gosta tanto dos gerúndios: o seres vivos sendo e acontecendo, e não já feitos.

Retomando a noção de sistema fechado e de organização circular, Maturana correlacionou o sistema nervoso ao organismo de tal maneira que esse último se torna uma referência onde o operar do sistema nervoso tem para o observador um significado de ato cognitivo. Nessas condições, o fenômeno do conhecer surge como uma atitude adequada às circunstâncias. Sob o ponto de vista da complexidade, posso dizer que o conhecer é um processo de adaptação complexa que emerge na evolução da espécie como resultado de um processo de complexificação. Nesse processo, o próprio cérebro se complexifica permitindo operações cognitivas com condições de se conectar mais e mais. A palavra adaptação nesse caso, não deve ser tomada no seu sentido comum de adaptar-se às circunstâncias ou ao meio de forma passiva ou mecânica como aparece em muitas teorias cognitivas. A adaptação é tomada num sentido criativo de acoplamento dinâmico através do qual mudam o organismo e as circunstâncias de maneira congruente.

A partir desses pressupostos, então, podemos afirmar que não existe conhecimento sem experiência pessoal, onde o sujeito do conhecimento emerge juntamente com o seu conhecer. Nessa ótica, não pode haver um conhecimento formal que possa ser pensado independentemente do fenômeno vivido do conhecer/viver. O sujeito epistêmico do qual falava Piaget é uma abstração, pois o sujeito real somente pode existir como sujeito ontológico, que vive porque conhece e conhece porque vive. Novamente assinalo a presença daquela lógica circular, já mencionada tantas vezes neste texto. Maturana e Varela explicitam essa posição complexa já no começo de um dos seus principais livros: *A árvore do conhecimento*. Dizem eles alertando os leitores:

> Nada do que iremos dizer vai ser compreendido de uma maneira eficaz a menos que o leitor se sinta envolvido pessoalmente, a menos que tenha um experiência direta mais além da descrição que possa se fazer dela".
> (MATURANA; VARELA, 1990, p. 7)

Experiência direta pode ser encontrada em técnicas de meditação nas quais o sujeito que medita tem uma vivência de autoencontro. O momento em que ele fica num estado de paz aumenta o poder sobre si mesmo e, portanto, a autonomia. Trata-se de um momento sem mediações onde o sujeito conhece a realidade e através da vivência profunda de si mesmo. Com essas reflexões não estou sugerindo uma comparação entre Oriente e Ocidente; mas essa comparação emerge por si na medida em que estão presentes na sabedoria oriental princípios e pressupostos complexos que foram abandonados ou esquecidos pela moderna cultura ocidental.

Em um dos seus escritos, Maturana descreve seu deslumbramento com as oficinas dos artistas no Renascimento, principalmente com a de Leonardo da Vinci. Ele faz a analogia dessas oficinas com a própria vida ao mostrar que construímos conhecimento ao conviver e fluir com as pessoas de uma certa maneira. Nessas oficinas, um artesão crescia como artesão, ou seja, vivenciava inteiramente a vida de um artesão e não aprendia por manuais ou por ouvir dizer. A vida, para ele, nada mais seria que vivenciar uma grande oficina do viver. Se uma determinada oficina vive na competição, os frequentadores dela aprenderão a competir e negar a importância do social e, portanto, da colaboração. Se, por outro lado, a cultura for de solidariedade e respeito pelos demais, os sujeitos cognitivos viverão e aprenderão a serem solidários na afirmação dos laços sociais (MATURANA, 1999).

Os desdobramentos epistêmicos, ontológicos e didáticos da teoria da Biologia da Cognição

> *O futuro de um organismo nunca está determinado em sua origem. É compreendendo isso que temos de considerar a educação e o educar.*
>
> Humberto Maturana

O conceito central da Biologia do Conhecer, conforme já explicitado aqui, é o de *autopoiesis*. Trata-se de um conceito tão importante e tão forte que está sendo considerado por alguns pensadores como um metaconceito, ou seja, um conceito organizador que vai além das aplicações para as quais foi pensado originalmente e que diz respeito à reprodução celular. Alguns autores usam-no para pensar a sociedade, a linguagem, as narrativas, os sistemas de comunicação, etc. Mas, ao fazer isso, é muito importante conservar um rigor lógico para não correr o risco de aplicar conceitos pensados para um contexto em outros de forma arbitrária e inadequada. Por isso, ao usarmos esse conceito em educação, tentamos fazê-lo seguindo rigorosamente as instruções que Maturana tem feito mais recentemente e relacionando-o com as questões de conhecimento como processo de viver e em termos da relação da produção do conhecimento com as práticas educativas.

Von Foerster, o grande inspirador de Maturana, foi um dos primeiros a pensar na aplicação estendida do conceito de *autopoiesis*, fazendo, é claro, as devidas adequações epistemológicas. Diz ele:

O passo intermediário pelo terreno epistemológico foi exigido para que a *autopoiesis* fosse reconhecida como uma noção de campo da biologia que incorpora o paradigma da autonomia (com todas as suas noções associadas: auto-referência, fechamento) e, a partir daí, poderia se buscar outra incorporação adequada no campo do social. (Von Foerster, 1996, p. 28)

Um outro cientista que defende um conceito ampliado de *autopoiesis* é Javier T. Nafarrate (in Maturana, 1997, p. XI):

> Essa teoria cujo fulcro se centra na noção de *autopoiesis* não é em sentido estrito biologia, mas sim poderia ser comparada com esses desenhos metateóricos que cumprem com a função de servir de cosmovisões.

Seria interessante aqui fazermos uma escuta dos criadores do conceito de *autopoiesis*, ou seja, de Maturana e Varela, para pensarmos na aplicação desse instrumento teórico para além da dinâmica celular para a qual foi originalmente pensado. Varela alerta para os cuidados de rigor epistemológico que se deve ter no uso desse vocábulo, mas vê como "claramente frutífero" a opção epistemológica para além da vida celular, em direção ao operar do sistema nervoso e aos problemas relacionados com a compreensão da comunicação humana (Maturana; Varela, 1995, p. 52). Por outro lado, Maturana admite que é possível se chamar sistemas autopoiéticos a sistemas não moleculares, mas que estes, apesar de repartir com os sistemas vivos características autopoiéticas, existem em outros domínios. Ele afirma ainda que uma cultura é um sistema autopoiético que existe em um espaço de conversações (Maturana; Varela, 1995, p. 52).

Para a ciência clássica, existe um mundo objetivo e, nessa ótica, o cientista se relaciona com a realidade como se existissem coisas independentemente das ações das pessoas. Seria um mundo invariante no sentido em que não muda com a nossa intervenção. O que a teoria autopoiética nos propõe é que a realidade inclui o observador, o que implica a questão de "como conhecemos" e não "o que conhecemos". Ora, se os educadores assumirem esses pressupostos epistemológicos, terão necessariamente que repensar suas práticas a fim de relacioná-las com propostas de processos vitais, em termos de propor atividades mobilizadoras que sirvam para pôr em movimento processos de autoconstrução. Assim, precisamos pensar em estratégias pedagógicas como dispositivos de desencadeamento de situações internas aos sujeitos estudantes, proporcionando então ambientes de autoexperimentação.

Conforme observou Pakman (1996, p. 87) em suas palavras de apresentação aos escritos de Von Foerster:

> Se entendemos o conhecer como uma ação eficaz em certo domínio (como definiu Humberto Maturana), e a informação como a diferença que faz a diferença (como definiu Gregory Bateson), toda a construção de realidade é pertinente e se abrem novas possibilidades de ação eficaz e se gera uma diferença observável no operar do sujeito, num domínio que foi consensualmente acordado como problemático. (PAKMAN, 1996, p. 87)

Os sistemas vivos são sistemas fechados para a informação devido à própria anatomia do cérebro como caixa fechada. A relação com o exterior se dá através dos sensores (sentidos) e dos efetores (músculos e glândulas). A partir daí, o que vem do exterior não determina o que acontece com o sujeito que conhece, mas provoca perturbações que, por sua vez, disparam mecanismos neurofisiológicos internos que transformam o referido sujeito, complexificando a sua vida. Essa complexificação, portanto, se dá a partir do mecanismo básico evolutivo que Maturana e Varela chamam de acoplamento estrutural. Assim, o processo de ensino-aprendizagem é sempre um processo que articula todas as dimensões do ser. Nessa perspectiva, o ensino de forma solitária torna-se um processo ilusório, pois conhecer é sempre conexão.

Através do processo de interação sujeito/meio (acoplamento estrutural), vai emergir um novo sujeito (novo porque mais complexificado) como também uma nova realidade (aos olhos do observador). Se esse sujeito participa efetivamente de sua própria construção (conhecimento e subjetividade ao mesmo tempo) e se essa transformação é refletida pelo sujeito que conhece, pode-se chamar isso de um conhecimento de segunda ordem. Uma prática pedagógica que trabalhe com o pensar sobre o processo de autoconstrução pode implicar, então, esse conhecimento mais complexo e mais complexificante na medida em que cada reflexão leva a patamares cada vez mais elevados de conhecimento e de ser.

Essa desconsideração por parte de epistemólogos e educadores tradicionais, sobre a participação efetiva de cada ser humano na sua própria construção alimenta a ilusão da transmissão de conhecimento e das informações portadoras de instrução. Essas falácias têm redundado num sistema educativo pouco efetivo em termos das competências que realmente importam para os alunos no fluxo do viver. Hoje fala-se demais em competências. O discurso das competências está na crista da onda, e os pedagogos que os proferem são muito requisitados pelos educadores. Esses discursos nada mais são do que os velhos e surrados procedimentos mecânicos e inibidores de conhecimento/ser que voltam com outros nomes na boca de alguns (des)educadores famosos e bem-sucedidos comercialmente, mas que significam um desastre, sob o ponto de vista humano. Von Foerster denuncia isso de forma brilhante. Cito a seguir suas palavras, justificando a extensão da citação como importante para refletirmos sobre problemas fundamentais para as práticas educativas aí implicados:

> Fica claro que a maior parte de nossos esforços educativos instituídos está dirigida à trivialização de nossas crianças. Estou usando o termo "trivialização" tal como se usa na teoria dos autômatos, na qual uma máquina trivial se caracteriza por ter uma relação fixa entrada-saída (*input-output*), enquanto que numa máquina não-trivial (máquina de Turing) a saída (*output*) está determinada pela entrada (*input*) e por seu estado interno. Sendo que nosso sistema educativo está orientado a formar cidadãos previsíveis, seu objetivo é eliminar os estados internos

perturbadores que geram imprevisibilidade e novidade. Isso se torna claramente evidente no nosso método de avaliação no qual somente se fazem perguntas para as quais as respostas são conhecidas (ou estão definidas) e devem ser memorizadas pelos estudantes. Chamarei a essas "perguntas de ilegítimas".

Não seria fascinante pensar em um sistema educacional que destrivialize a seus estudantes ensinando-lhes a fazer "perguntas legítimas", ou seja, perguntas para as quais as respostas são desconhecidas? (VON FOERSTER, 1996, p. 184-185)

Essas considerações educativas de Von Foerster estão diretamente relacionadas com a teoria de Maturana que, ao falar em autonomia do sujeito, tem como base uma epistemologia cibernética que enfatiza o trabalho interno do sistema.

Ao pensar nas palavras de Von Foerster remeto-me também à Henri Bérgson, o grande filósofo francês do século passado. Para ele, conhecer é inventar questões. O que marca a escola tradicional é justamente essa cultura de perguntas já formuladas e, às vezes, até mesmo, já respondidas, desconsiderando a necessidade do sujeito cognitivo que precisa se inventar para ser (THIBAUDET, 1923).

Ao fazer essas considerações, estamos tratando agora das implicações patogenizantes da educação. Se pensarmos na nossa cultura atual em termos de uma questão tipo – "que acoplamento estrutural está se configurando hoje?" – podemos refletir seriamente sobre as consequências de práticas alienantes que não oportunizam aos sujeitos refletir sobre suas próprias ações, referenciar-se em projetos de vida próprios e outras atitudes inibidoras de desenvolvimento pessoal, atingindo as capacidades perceptivas dos seres humanos. Paulo Freire nos falava de uma "educação bancária", referindo-se a uma prática deformante que Clara Oliveira usa para mostrar os efeitos de sofrimento que elas têm sobre a ontogenia dos sujeitos. Diz ela:

> Algumas dessas pessoas, contudo, forçam o seu organismo, tentam impor-lhe directrizes de organização não

orgânica (como por exemplo: "é importante para mim tirar boas notas"), tentam tornar-se sistemas abertos e assimilar informação exterior, tornam-se verdadeiros depósitos, como diz Paulo Freire, e nós acrescentaríamos... de lixo. E isso não significa que a dita informação não seja de alto nível cultural, mas do ponto de vista do funcionamento interno do sujeito é puro lixo que apenas serve para intoxicar ou poluir. O resultado são pessoas cheia de informações na cabeça, mas com grande dificuldade em compreender, em reflectir, e surgem frequentemente distúrbios orgânicos aos níveis afectivo, emotivo e de inter-relação social. (OLIVEIRA, 1999, p. 142-143)

Com esses argumentos, nos autorizamos a pensar a Biologia do Conhecer usando seu instrumental teórico para propor novas práticas educativas, sempre, é claro, respeitando a arquitetura epistemológica da investigação desses autores.

Ainda focando essas implicações sob a ótica do sofrimento, podemos dizer que os pressupostos referidos na secção anterior nos levam colocar, sob o ponto de vista da Biologia do Conhecer, as questões de como se dá o processo do conhecimento e como emerge o fenômeno do conhecer. De acordo com a teoria em questão, podemos nos perguntar até que ponto os educadores estão agindo em congruência com esses pressupostos ou, se não estão, não haveria conduta adequada e, portanto, existiria uma dificuldade de emergência do conhecer, comprometendo o acoplamento estrutural dos estudantes com a realidade. Isso poderia causar sofrimento porque levaria a impedimentos de ser/conhecer. Alguns cientistas que trabalham em Epistemologia, Ciências da Saúde e Educação estão se debruçando sobre a relação entre práticas pedagógicas inadequadas e o sofrimento humano, o que levaria a variadas patologias. Dois exemplos significativos dessas pesquisas procedem do psicanalista José Cukier (1996), na Argentina, e Clara da Costa Oliveira (2004), em Portugal. Na minha tese de doutorado, debrucei-me sobre essas questões, embora ainda desconhecesse, naquela época os estudos do MAO (PELLANDA, 1992). Atualmente tenho me dedicado, em minha universidade, a UNISC, também como pesquisadora colaboradora da Universidade do Minho (UMINHO) a pesquisar as questões de sofrimento dos alunos nas escolas que não contemplam necessidades fundamentais dos seres humanos (Pellanda, 2008). Nesse sentido, a ideia fundante de cognição como um fenômeno biológico e inerente ao viver parece estar ausente das práticas escolares preocupadas com ações formalistas que não incluem a necessidade de auto-organização dos sujeitos. Como parte constituinte dessa problemática, está a questão da produção de sentido e as implicações de sua negação pela escola. Nessa perspectiva, consideramos a organização biológica como o processo de produção de sentido para o viver constituindo a ontogenia desse organismo. Além disso, temos que atentar para o fato de que somos seres de terceira ordem (vivemos em comunidade) e, por isso, temos que contemplar a dimensão social que é crucial no acoplamento estrutural. E aí entra novamente, a escola com a negação de um ambiente que favoreça as relações sociais produtoras através das conversações e da amorosidade. Isso reverte contra o sujeito já que dificulta sua interação com o seu ambiente. As conversações para Maturana (1999) são constituintes do humano e parte integrante da construção de conhecimento. O que temos visto em nossas pesquisas é toda uma pedagogia do silêncio no sentido de reprimir conversas dos alunos.

Todos esses fatos observados na escola são causadores de sofrimento dos alunos e, portanto, altamente impeditivos de construção de subjetividade/conhecimento (Pellanda, 2008).

Com isso, novamente podemos pensar em termos de uma cultura de fragmentação, pois, nessas condições, os sujeitos perdem a conexão com os outros, consigo mesmos e com o universo como um todo. É uma patologia de percepção, e percepção, para Maturana, é algo fundamental para o conhecimento e para o ser. Diz ele:

> A experiência da percepção nos revela em nosso ser biológico e como a experiência da percepção é o fundamento da experiência cognitiva, nos revela também nosso ser ao conhecer. (Maturana, 1999, p. 78-79)

Percepção, é importante lembrar uma vez mais, não é captação de elementos externos ou representação do meio. Para Maturana (1997, p. 172), tal explicação é "biológica e epistemologicamente inadequada porque assume que as transformações que o organismo sofre em suas interações com o meio são determinados, de alguma maneira, por esse". A percepção, nessa lógica, deve-se ao fato de o organismo ser determinado estruturalmente e, por consequência, na interação do organismo com o meio, é o organismo que decide qual a configuração do meio que vai disparar internamente, e não o contrário. Para dizer o mesmo com outras palavras: os órgãos sensores captam alguma coisa do mundo externo que o sistema nervoso vai interpretar à sua maneira, e não à maneira do meio perturbador.

Para pensar o processo ensino-aprendizagem à luz da Biologia do Conhecer, é necessário levarmos em consideração essas características do organismo humano. Nesse sentido, não podemos pretender, como educadores, ser transmissores do conhecimento e imaginar que os nossos alunos entendam tudo o que é dito exatamente como estamos dizendo. Há todo um processo de mobilização interna disparado pelo que dizemos que depende da percepção de cada um, o que, por sua vez, depende do historial de acoplamento estrutural de cada ser humano. Cada ouvinte ou leitor vai interpretar o ruído (perturbações) a partir de seu momento de complexificação (desenvolvimento). Por isso, alguns estudiosos desse tema, Henri Atlan e Clara Oliveira, por exemplo, preferem, diferentemente de Jean Piaget e outros estudiosos, o termo complexificação em vez de desenvolvimento (ATLAN, 1992; OLIVEIRA, 1999).

O processo ensino-aprendizagem, na matriz lógica que estou utilizando, estaria ligado aos espaços vivenciais que são criados pelo educador para oportunizar ambientes adequados para que alguém aprenda. Esses espaços precisam ser abertos, não dogmáticos, para garantir um sistema de conversações que permitam perturbações mútuas como também necessárias para disparar processos internos nos sujeitos. Isso vale para qualquer tipo de temática. Mas, quando se trata, por exemplo, de aprendizagens existenciais e de condutas subjetivas, esse ambiente é crucial. Assim, seria impossível ensinar ética, solidariedade, autonomia ou estratégias de expressão pessoal em espaços fechados ou em ambientes onde as relações humanas são controladas e restringidas. Aliás, entendo que as competências que importam para o viver e o conhecer são justamente estas que acabo de descrever, pois o resto vem naturalmente no fluxo destas.

Por tudo isso, podemos considerar as práticas educativas como processos auto-organizativos e, portanto, processos que implicam abordagens de conteúdos que não os essencializem e onde esteja presente a consciência de que o que realmente conta são as aprendizagens, entendidas aqui como adaptação complexa à realidade. Sobre as repercussões de tudo isso para a educação e para a prática dos educadores, Maturana (1995, p. 17) é muito claro: "[...] as crianças não aprendem coisas, as crianças se transformam na convivência com o professor ou professora".

Pensando nos termos propostos aqui, podemos nos perguntar: o que seria, então, aprender e educar? Para responder a essas questões que estão no centro mesmo das preocupações de Maturana, porque decorrentes de sua teoria, valho-me das reflexões de Clara Oliveira (1999, p. 13):

> Estes dois conceitos surgirão intimamente interligados; a aprendizagem dizendo respeito à complexificação que um organismo vai empreendendo (construindo níveis de significação diferentes) na sua atuação como ser vivo, face a perturbações de ordem interna ou externa; a educação referindo-se aos organismos humanos, onde as perturbações de ordem externa são maioritariamente consequências de atos humanos que ocorrem continuamente na vida quotidiana de qualquer ser humano, e onde as perturbações internas resultam muitas vezes de posturas auto-observacionais. Não ocorrem fenómenos de aprendizagem-educação se as perturbações não forem integradas no (e não contribuem para o) padrão de significação com que um organismo pontua a sua atuação no (com o) mundo. Quer isto dizer

que cada momento da vivência de um ser humano é o patamar relacional (e não estrutural) que possibilita mais aprendizagem e mais (auto) educação.

Com essas palavras, a autora faz a abordagem dos fenômenos educativos e de aprendizagem na perspectiva da auto-organização e, mais especificamente, da *autopoiesis,* o que nos ajuda a dirigir nosso foco para essas questões. O que gostaria de destacar, na sequência é a questão da construção de sentido. Esse processo é fundamental na educação e a sua ausência implica sofrimento dos educandos que não conseguem ver, no que estudam, sentido para as suas vidas. Não conseguem se ver como sujeitos de autoria nas tarefas escolares e isso traz angústia e sofrimento. Desse modo, não podem se afirmar como sujeitos autores, o que os despotencializam. Podemos perguntar, então, o que a escola está fazendo para melhorar ou para ajudar os jovens que estão se destruindo com o consumo de drogas ou perdendo interesse pelas coisas significativas da vida. Parece que muito pouco ou, para ser mais enfática, nada. Talvez até mesmo esteja contribuindo para essa cultura de degeneração cultural /existencial. Em "Prece do Estudante", Maturana expressa tudo isso de forma poética:

Plegaria del estudante[3]

Por qué me impones
lo que sabes
si quiero yo aprender
lo desconocido
y ser fuente

---

[3] Tradução: Oração do estudante / Por que me impões / o que sabes / se quero eu aprender / o desconhecido e ser fonte / em meu próprio descobrimento? / o mundo da tua verdade / é a minha tragédia; / tua sabedoria, / minha negação; / tua conquista, /minha ausência; / teu fazer, /minha destruição. / Não é a bomba o que me mata; / o fusil fere, / mutila e acaba, / o gás envenena, / aniquila e suprime, / mas a verdade / seca em minha boca, apaga meu pensamento / e nega minha poesia,/ me faz antes de ser.

> *en mi propio descubrimiento?*
> *El mundo de tu verdad*
> *es mi tragedia;*
> *tu sabiduría,*
> *mi negación;*
> *tu conquista,*
> *mi ausencia;*
> *tu hacer,*
> *mi destrucción.*
> *No es la bomba lo que me mata;*
> *el fusil hiere,*
> *mutila y acaba,*
> *el gas envenena,*
> *aniquila y suprime,*
> *pero la verdad*
> *seca mi boca,*
> *apaga mi pensamiento*
> *y niega mi poesía,*
> *me hace antes de ser.*

Humberto Maturana

Maturana (1995, p. 17) como educador reflete ainda sobre educação e sofrimento:

> Podemos ver que a criança se transforma de uma maneira ou de outra. Se o contexto os nega, então aprende esse viver, no qual são negados, com todas as características de sofrimento que isso traz consigo. Encontramos depois com meninos de 16 anos que não estão "nem aí" porque sua vida não tem sentido, porque nem sequer sabem respeitar a si mesmos.

Retomando, uma vez mais, o núcleo da teoria em questão, que seria o próprio conceito de *autopoiesis,* proponho agora uma reflexão sobre este par complexo autonomia/rede e a repercussão didática desses elementos. Numa abordagem lógica tradicional, esses dois fatores seriam incompatíveis:

se é autônomo, não é coletivo; se é rede, não pode ser autônomo. O princípio da exclusão de um terceiro termo não vale para fenômenos complexos que trabalha como o princípio da complementariedade. Assim, esses termos não se excluem, mas se completam.

Com esses pontos colocados, podemos refletir nas práticas didáticas voltadas para contemplar essas duas dimensões do ser no ato de aprender. De um lado, precisamos num ambiente pedagógico que favoreça a autoria, a autoconstrução e a autorreflexão, e, por outro, pensar em ambientes solidários, de cooperação, que leve em conta a rede como modelo da vida e a necessidade de proporcionar processos auto-organizativos nos sujeitos. Uma interessante prática que aparece com cada vez mais frequência em algumas práticas pedagógicas transformadoras é a das autonarrativas. Viver é narrar-se e, ao narrar a nós mesmos, vamos nos reconfigurando através de autoperturbações. Esses processos internos são altamente efetivos sob o ponto de vista autopoiético porque nos leva a uma maior complexificação, no sentido de maior autonomia e maior controle sobre a nossa própria vida. Por meio das autonarrativas, nós nos inventamos, e essa prática é fundamental para a nossa *autopoiesis*. A complexificação se dá desde que praticamos reflexões sobre nós mesmos e nossos processos de tal modo que estaríamos, então, com a prática das autonarrativas num nível de conhecimento de segunda ordem, ou seja, o pensar sobre o pensar, de sermos observadores de nós mesmos. Essas práticas das autonarrativas estão sinalizando um claro rompimento paradigmático na medida em que para o paradigma clássico o foco era a generalização e o apagamento da ação de um sujeito singular. As autonarrativas trazem de volta a singularidade e o papel da produção de diferença.

Maturana ressalta a importância de um ambiente que proporciona processos auto-organizativos, tocando inclusive num ponto nevrálgico de nossa cultura, a questão das drogas. Com essas palavras, Maturana contempla ao mesmo tempo, de maneira complexa, a necessidade de autonomia e de alteridade para a formação dos seres humanos. Ele nos fala numa educação que pense os espaços didáticos como:

> [...] formação das crianças como seres que se respeitam a si mesmas e aos demais, que atuam a partir de si que não dependem da opinião dos outros, que podem dizer não quando lhe é oferecido uma droga. Mas para que uma criança diga não à droga, não pode ter dúvidas sobre si mesma. (MATURANA, 1995, p. 19)

Para Maturana, a formação humana está sempre ligada às relações ainda que cada um, na sua dimensão de autonomia, precise ser autor de seu próprio processo. O ambiente educacional, portanto, precisa ser um ambiente que facilite as relações. Dessa forma, esses pressupostos que emergem da teoria desse biólogo levariam ainda a outros desdobramentos que estariam ligados ao amor. Sobre esse aspecto, voltarei a falar no capítulo que trata da Biologia do Amor.

PARA ALÉM DOS CONSTRUTIVISMOS

> *O azul do céu tem tão pouca existência
> quanto a abóboda do céu.*
>
> Gaston Bachelard

Muito se tem falado, a partir do século XX, em construtivismo principalmente a partir da teoria desenvolvida pelo epistemólogo suíço Jean Piaget. De uma maneira muito geral, poderia, para início de conversa, dizer que se trata de uma denominação que se refere ao conhecimento em termos de processos de construção ou de desenvolvimento em oposição às ideias inatistas e empiristas.

Tentando detalhar um pouco mais, vou buscar a gênese do conceito. A palavra construtivismo foi usada no começo do século XX, na Rússia, num contexto artístico e relacionada, prioritariamente, com a arquitetura. Nesse sentido, teria influenciado o importante movimento arquitetônico da Bauhaus na Alemanha.

Nos meados do referido século, Piaget vai se apropriar desse vocábulo para designar o processo de construção do conhecimento na criança. Para esse epistemólogo, então, construtivismo seria o processo de desenvolvimento de um sujeito epistêmico, no qual há a emergência de novos elementos que vão configurar estruturas cognitivas cada vez mais complexas. Costumamos chamar de construtivismos também, por extensão, às teorias de desenvolvimento genético de alguns estudiosos que se pautaram, como Piaget, na dimensão de construção/autonomia/alteridade. Foram eles, entre outros, Lev Vygotsky, alguns cientistas russos bem como Henri Wallon. Além desses estudos, podemos também assinalar a presença do construtivismo na Psicologia Clínica, como oposição às teorias comportamentalistas, e na Teoria da Literatura, em termos do esforço dos estudiosos dessa área em configurar teorias de caráter científico, enfatizando para isso a ação humana. Enfim, o que poderia acrescentar para resumir é que o construtivismo refere-se a uma realidade construída e não pré-dada.

O construtivismo influenciou fortemente diferentes estudos do MAO principalmente aqueles do campo da Biologia e, tais como a teoria da *Autopoiesis*, de Maturana e Varela e a Teoria da Complexifição pelo Ruído de Atlan. No entanto, pelas características dessas últimas teorias, profundamente integradoras das dimensões humanas e situadas no paradigma da complexidade, elas caminharam para uma postura fortemente influenciada por um holismo epistemológico. (OLIVEIRA, 2003) Além disso, na postura epistêmica do construtivismo piagetiano encontramos alguns elementos que se tornam profundamente problemáticos para sustentar teorias complexas e organizadas em torno do holismo epistemológico. É bom esclarecer aqui que Oliveira vai buscar essa expressão em Richard Rorty (OLIVEIRA, 2003). Uma forte dicotomia sujeito/objeto, a previsão de etapas de desenvolvimento previsíveis, uma dependência de captação externa para a construção da realidade e a busca de estabilizações seriam elementos presentes em muitos dos chamados construtivismos. É exatamente por esses motivos é que Maturana reluta em se apresentar como um construtivista ainda que podemos inferir de sua teoria uma necessidade de um "construtivismo radical" no sentido em que tudo é construído pelo sujeito onto-epistêmico.

Nesse sentido, destaco mais uma vez o construtivismo piagetiano como distinto das abordagens do MAO. Para isso, cito as palavras de Clara Oliveira (1999, p. 258) sobre as concepções de Piaget sobre desenvolvimento:

Se todo esse processo decorrer sem obstáculos intransponíveis, o indivíduo atinge um desenvolvimento bio-psicológico máximo por volta dos 16-18 anos, que coincidiria com a entrada no mundo adulto. É essa posição teórica que invalida definitivamente a consideração de Piaget como sendo um autor precursor do, ou ligado ao, movimento da auto-organização.

Esses pressupostos são muito difíceis de aceitar nas teorias complexas dos autores citados. Tentarei mais adiante explicar cada um desses aspectos. Citamos Clara Oliveira (1999, p. 348) para esclarecer essa questão do construtivismo:

> [...] chamamos a atenção para algumas diferenças existentes entre essas duas posturas epistemológicas (holismo e construtivismo): o construtivismo alicerça-se na existência de estruturas, o holismo raramente as admite. No holismo epistemológico: a) o todo é maior do que a soma das parte; b) existe uma interação a simultâneo sujeito-nicho, o que coloca o holismo fora da dicotomia sujeito-objeto; o construtivismo aceita essa dicotomia, articulando-a dialeticamente e por etapas.

Os autores do MAO, por uma questão epistemológica complexa, ou seja, regida por princípios de complementaridade e convergência, vão se afastar, em sua maior parte, do construtivismo entendido segundo a abordagem descrita. Maturana é um exemplo disso, pois não considera a si mesmo como um construtivista. Entrevistado por Bernhard Porksen, sobre o assunto responde: "eu não me vejo como representante do construtivismo, não importa quanta gente me classifique assim" (MATURANA, 2004, p. 43). Porksen contesta com outra pergunta: "Como se chamaria então? Que etiqueta designa sua postura?" ao que Maturana responde: "[...] um super-realista que parte da existência de inumeráveis domínios da realidade, todos e cada um igualmente válidos."

Esses domínios da realidade são inseparáveis para Maturana, daí o caráter de complexidade. E é a partir dessa ideia de inseparabilidade das dimensões do viver e calcado nos referenciais teóricos desse autor e em outros cientistas do

MAO que o grupo de pesquisa ao qual pertenço cunhou o termo *ontoepistemogênese*, para designar esse processo de construção dos seres humanos onde o viver e o conhecer emergem de forma profundamente integrada. E mais, a lógica circular que subjaz aos pressupostos da Biologia da Cognição vai mostrar por extensão uma circularidade entre sujeito e objeto de tal forma que, numa abordagem de complexidade essas dimensões vão ser indistinguíveis. Não é o caso de me estender sobre a criação desse conceito. Temos socializado nossos estudos através de diferentes meios científicos o que pode ser constatado através de buscas na Internet. Nessa perspectiva, questionamos a abordagem piagetiana do desenvolvimento cognitivo, privilegiando o pensamento lógico-formal como marcador máximo de desenvolvimento cognitivo a mecanismos de invariância. Não fizemos isso de forma simplista e sem rigor pois reconhecemos o grande valor paradigmático desse cientista bem como sua importância para uma nova cultura diante das práticas educativas. O que fizemos foi questionar certos pressupostos que ainda guardam forte relação com as posturas fragmentárias da ciência moderna e como estas se afastam, em alguns aspectos, da complexidade. Para argumentar sobre esse questionamento, faço a seguir um elenco dos principais elementos da obra piagetiana que estariam em desacordo com os princípios autopoiéticos e da complexidade.

1- Piaget colocou de maneira muito lúcida a questão da autonomia como um vetor importantíssimo de sua teoria. No entanto, ao trabalhar com a ideia de representação de uma realidade externa, compromete a cognição como invenção partindo para generalizações tão caras à ciência clássica. Essas generalizações comprometem, portanto, a questão da diferença, indo no sentido oposto de uma "evolução criadora", como se referia Bergson (Bergson, 1979).

E mais, ainda que Piaget tivesse levado em consideração e, com muita competência, a questão da auto-organização, ele difere dos biólogos de inspiração cibernética (Maturana e Varela, Kauffman, Atlan e outros) no sentido profundo de que esses cientistas consideram a lógica da vida como auto-organizadora (o que Piaget também reconhece); mas, para esses autores, a constituição da vida não depende de uma realidade externa para a representação do pensamento e, ao mesmo tempo, há uma profunda imbricação de todos os elementos que constituem o ser humano. Piaget, no entanto, privilegia o pensamento lógico.

2- Piaget pensou a cognição de sujeitos isolados, ainda que tivesse dado importante papel à questão da cooperação. Na perspectiva autopoiética, o modelo é sempre a rede e, por isso, isolados, os sujeitos se despotencializam ficando mais expostos à entropia. Isso, é óbvio, não quer dizer que fujam das leis termodinâmicas para os seres vivos, mas há uma certa perda de energia cognitiva.

3- O equilíbrio ou as estabilizações de que nos fala Piaget, principalmente no último estágio, o do pensamento hipotético-dedutivo, é a busca de uma estabilização o que, na perspectiva da teoria das Estruturas Dissipativas (Prigogine, 1996), aumentaria a entropia, ou seja, a desorganização e a perda de potência.

4- O objeto do conhecimento para Piaget é o meio (físico e cultural). O sujeito (abstrato/universal) desenvolve-se ao agir sobre esse meio. Esta é uma relação dialética: onde meio e sujeito se transformam, há uma ideia de captação externa o que inviabiliza a consideração de uma dimensão cibernética de autorreferência e autoconstrução.

Para pensar essas questões, vou buscar em Maturana (1998, p. 186) algumas reflexões onde ele compara sua teoria com a piagetiana.

> Tenho certas discrepâncias com ele, que surgem de certas diferenças em nossos pontos de partida, e que fazem com que seu caminho e o meu sejam cursos finais algo diferentes. [...] Ele visualiza os fenômenos de assimilação e acomodação como processos nos quais os organismos

estão orientados a captar realidades ambientais, e a acercar-se a elas no processo de viver. Ao usar as expressões de assimilação e acomodação, Piaget indiretamente valida a captação de uma realidade externa como parte do mecanismo de sobrevida do organismo.

Para complementar essas reflexões, recorro aos pressupostos complexos até aqui arrolados. Achei interessante, ainda, acrescentar o papel da termodinâmica reinterpretada no século XX, por Ilya Prigogine, para mostrar o papel das instabilidades e fluxos de energia no viver humano. Com sua teoria, portanto, Prigogine, que procede da Físico-Química, faz uma ponte entre as ciências duras e as biológicas, para mostrar o papel da auto-organização no fluxo do viver. Prigogine é incluído por Dupuy (1996) no MAO pelo seu trabalho pioneiro usando o princípio de auto-organização.

Prigogine é um dos cientistas mais importantes da complexidade, e suas teorias sobre a Termodinâmica têm implicações epistêmicas profundas. Para Prigogine, a vida somente é possível a partir do desequilíbrio. Com isso, ele se refere ao fato de que os sistemas longe do equilíbrio, como os seres vivos, realizam processos criativos mobilizados pelo ruído, e não determinados por ele. Para ele, é preciso entender a realidade como essencialmente dinâmica e em contínua mudanças com os estados que são sempre provisórios e reorganizadores. Nesse sentido, Prigogine critica Piaget pela busca de estabilidade. Ele expressa essa crítica na cerimônia de aniversário dos 80 anos de Piaget organizada pelos seus discípulos (Prigogine, 1976).

Para concluir este capítulo, trago, para reflexão da necessidade de superação de todas as dicotomias, e o construtivismo, com tudo o que representa de avanço rumo à complexidade, ainda guarda algumas delas, as palavras de Bachelard (1996, p. 305):

> Alegria suprema de oscilar entre a extroversão e a introversão, na mente liberada psicanaliticamente das duas escravidões- a do sujeito e a do objeto! Uma descoberta

objetiva é logo uma retificação subjetiva. Se o objeto me instrui, ele me modifica. Do objeto, como principal lucro, exijo uma modificação espiritual.

A epistemologia complexa, portanto, nos coloca além dos construtivismos, na medida em que supera todos os dualismos, nos levando em direção àquela ideia de substância única de Espinosa (1983), ou ao ponto Ômega de Teilhard de Chardin (1974) ou ainda à Ecologia da Mente, de Bateson (2000), ou seja, situações de convergências dinâmicas onde o criador não pode ser separado da criatura.

A BIOLOGIA DO CONHECER
E A SOCIEDADE DIGITAL

> *Tudo o que for capaz de produzir uma diferença em uma rede será considerado como um ator, e todo o ator definirá a si mesmo pela diferença que ele produz.*
>
> Pierre Lévy

As contribuições da obra de Maturana para a educação também podem ser pensadas para o mundo digital ou, mais especificamente, para a informática educativa e para a educação a distância. Na verdade, são importantíssimas as reflexões que se pode fazer sobre as interações que os sujeitos epistêmicos apresentam nesse meio e de que maneira a sociedade digital como um todo se auto-organiza.

O que muitas pesquisas têm mostrado em trabalhos com crianças, adolescentes e mesmo com pessoas da terceira idade no espaço virtual é que essa imersão provoca comportamentos de autonomia, colaboração, autoperturbações, invenção de caminhos e construção de sentido. Ou seja, processos auto-organizativos reconfiguradores dos sujeitos envolvidos. Analisados esses dados à luz dos pressupostos da Biologia do Conhecer, podemos entender como se dá o acoplamento estrutural agora na versão de um acoplamento tecnológico (GORCZEVSKI; PELLANDA, 2000; PELLANDA, 2005, FACHINETTO, 2006).

Sabemos, a partir da teoria referida, que a aprendizagem é resultando de uma dança entre o organismo e o meio onde ambos se transformam de maneira congruente. O que acontece com o ambiente digital é uma ampliação do "espaço experencial ou conversacional do estudante" (MATURANA, 1999, p. 148) de tal forma a oportunizar maior amplitude de perturbações e de flutuações para falar numa linguagem termodinâmica. Mas o que Maturana destaca nesse sentido é o fato de que o estudante fica valorizado na medida em que são requeridas as atitudes de autonomia do sujeito, e não se enfatiza o que ele não sabe.

O espaço digital é de uma plasticidade incrível e, por isso, o sujeito vai sendo autodesafiado para invenções contínuas. Piaget (1982) que mostrou muito bem o papel da ação como o primeiro organizador não nos serve para explicar essa plasticidade, pois ele via o objeto como um limite para o sujeito epistêmico. Nesse sentido, lembramos, uma vez mais, que Piaget guarda um parentesco não somente com Kant – o conhecimento sujeito a condições de limites – como com o paradigma tradicional em termos de uma separação sujeito/objeto. O que procuramos fazer a partir desse espaço é colocar questões fundamentais à luz da Biologia do Conhecer. E vemos em inúmeras pesquisas, como há pouco referido, uma transformação visível dos sujeitos tanto em termos cognitivos como subjetivos. Queremos, então, refletir sobre por que isso acontece nos colocando as questões: Que espaço é esse? Que cognição é essa?

Para responder a essas questões, tenho discutido com colegas de Universidade e bolsistas de projetos de pesquisa com adolescentes em situação de vulnerabilidade social ou, como ultimamente tem ocorrido, com crianças de sétima série de escolas públicas e procedentes de lares de baixa renda.[4] Uma boa parte desses adolescentes e crianças tem muita dificuldade em aprender ou de construir sentido naquilo que fazem na escola. Peço, pois, aos leitores, um pequeno

---

[4] Projeto de Pesquisa Educação Emancipatória em Ambientes Digitais na Perspectiva Autopoiética. Mestrado de Educação da Universidade de Santa Cruz do Sul.

espaço aqui, para que eu possa fazer um breve relato da aplicação da teoria da Biologia do Conhecer num projeto de aprendizagem digital.

O conceito-organizador que é usado de forma operatória é o de *autopoiesis*. Os sujeitos trabalham com autonarrativas nos blogs e em atividades hipertextuais. Procuramos observar neles atitudes autopoiéticas, ou seja, a autoconstituição de cada um que vai construindo conhecimento/subjetividade de forma inseparável no ambiente digital. Essas atividades não lineares vão oportunizando aos jovens estabelecerem os mais diversos níveis de relações abrindo caminhos sempre novos num ambiente rizomático como é a internet ao mesmo tempo que eles vão se transformando subjetivamente. Lucia Leão, que também faz uma apropriação ampliada do termo *autopoiesis* para pensar a rede mundial de computadores, é um referencial importante para pensar nesse ambiente de trabalho. Diz ela:

> A construção da teia mundial envolve o trabalho de diversas mentes, distribuídas em diversas páginas. Seu crescimento e sua vitalidade não se encontram localizados em um ponto central e específico. Ao contrário, é no caráter de auto-geração e *autopoiesis* que a Internet se desenvolve. Sem dúvida alguma, o que faz da Web uma teia, uma rede na qual uma complexa malha de informações se interligam, é a própria tecnologia hipertextual que permitem os elos entre os pontos diversos. (LEÃO, 1999, p. 24)

Esses elementos nos dão suporte para fazermos uma articulação em forma de isomorfismo, entre a arquitetura dinâmica e topológica da internet com os processos de devir da cognição/subjetividade, de um sujeito navegando na rede usando a ferramenta hipertexto. Esses alunos vão percorrendo caminhos hipertextuais na medida em que se valem de *links* para atingir outros pontos na rede e, assim, vão procurando caminhos e inventando outros num percurso que é sempre topológico porque não estava programado na atividade didática. Ao fazer isso, cada um vai desenhando uma cartografia na qual estão marcados os vários momentos de transformação do sujeito epistêmico/ontológico. Quando ele tenta refazer o caminho ou pensar no caminho percorrido, ele está praticando uma metacognição que nada mais é do que a recursividade do sistema. É interessante lembrar novamente que a teoria da Biologia da Cognição surgiu a partir do movimento cibernético. A lógica subjacente ao funcionamento da vida é a mesma de outros sistemas não vivos: uma lógica circular, recursiva e auto-organizadora.

Assim, podemos pensar nas ideias de Maturana aqui desenvolvidas em termos de argumentar que o conhecimento não é algo que esteja pronto lá fora, à espera de ser captado por um sujeito cognoscente, mas é algo que emerge no processo de viver de cada sujeito em sua experiência de se relacionar com o mundo e consigo mesmo. O que acontece no ambiente digital é uma maior autonomia de caminhos e autodesafio, porque, a todo o momento, os sujeitos precisam se reorganizar para responder às situações que vão surgindo pelo caminho. Essas atitudes são altamente potencializadoras de ser e de conhecer.

O que mais me interessa investigar neste espaço é essa cartografia que os sujeitos vão desenhando ao caminhar. Esses caminhos estão permeados de emoção num imbricamento tal que linguajar, emocionar e raciocinar estão fluindo em processos produtivos. Isso constitui a complexidade dessa abordagem. Que processos cognitivos/ subjetivos estão envolvidos aí? Como identificá-los? Isso constitui a essência mesma de nossa investigação.

Nesses percursos, os sujeitos vão se constituindo de forma integrada cognitiva e subjetivamente porque estão se autocriando e, com isso, vão dando sentido às suas vidas. Sherry Turkle, pesquisadora do Massachussets Institute of Technology (MIT), foca suas pesquisas nas relações sujeito/ máquina, mostrando esses aspectos integrados e a ressonância autopoiética que essas atividades carregam. Diz ela:

> [...] existe um mais sutil e amplo caminho através dos quais os computadores entram no mundo dos adolescentes de auto-definição e de auto-criação [...] nós veremos que na adolescência os computadores tornaram-se parte de um retorno a reflexão, não sobre a máquina mas sobre nós mesmos. (TURKLE, 1984, p. 19)

O que Maturana (1999a, p. 149) afirma, então, sobre esse espaço pode ser expresso nas seguintes palavras: "Valida a dignidade do estudante ao não exigir pré-requisitos e aceitar qualquer ponto de sua história natural como ponto de partida legítimo para qualquer estudo".

O espaço digital, portanto, pode ser pensado à luz da teoria da Biologia do Conhecer, na qual podemos encontrar os pressupostos complexos para entender esse espaço de profunda sutileza e, ao mesmo tempo, de efetividade concreta.

HUMBERTO MATURANA:
O SER HUMANO, O EDUCADOR E A TEORIA

> *O viver ocorre como um presente em contínua mudança.*
>
> Humberto Maturana

A cultura da modernidade foi longe demais na simplificação da realidade. A educação sofreu o impacto brutal dessa força desagregadora de tal forma que as práticas educativas não oportunizam a consciência de nos vermos como membros integrantes e cocriadores do cosmos. Perdemos a capacidade de relacionar cada ação nossa com o universo como um todo. Felizmente, no seio dessa cultura de fragmentação, começam a surgir ideias, teorias e atitudes humanas que iniciam um enfrentamento disso com uma força de convergência. Os exemplos são muitos nesse sentido, mas gostaria de destacar o caso do paleontologista e místico católico Pierre Teilhard de Chardin, que viveu na primeira metade do século passado. Sua teoria, baseada no pressuposto de uma evolução regida por um processo de complexificação-consciência assentava-se sobre um princípio de convergência e rede. Dizia ele: "Ser mais é unir-se mais e mais [...]" (TEILHARD DE CHARDIN, 1974, p. 43). Trago esse exemplo aqui porque me parece que existem muitas similaridades de fundo entre a pessoa e a obra de Teilhard de Chardin e a de Humberto Maturana. Destaco as que considero mais significativas: teorias da evolução que se afastam de Darwin em direção ao papel da solidariedade e de negação do princípio da "sobrevivência do mais apto";

como também teorias marcadas pelo processo de complexificação crescente e com um grande peso nas questões de autonomia/criação. Considero, porém, que essa proximidade é mais forte na questão de uma unidade profunda entre o ser humano e sua teoria. Como Maturana, Teilhard acreditava na força do amor como algo constituinte do ser.

A complexidade, no caso de Humberto Maturana, está, antes de tudo, numa lógica que não se assenta no princípio de um terceiro excluído, mas na presença de um princípio de complementariedade. Nesse sentido, convivem na mesma teoria as dimensões de autonomia e rede, de sistema aberto e fechado ao mesmo tempo, e assim por diante. Essa complexidade se estende até mesmo à articulação profunda entre ser humano e sua teoria. Pode-se dizer que esse cientista é a sua teoria. Ou, em outras palavras, a sua teoria flui no seu processo de viver. Todos sabemos o quão difícil é a conquista da nossa coerência pessoal articulando profundamente aquilo que dizemos e fazemos com aquilo que somos. O que conseguimos no máximo de nosso desenvolvimento pessoal são graus de coerência, mas raramente alcançamos uma coerência perfeita como é, por exemplo, o caso de Gandhi (*apud* YOGANANDA, 1981, p. 407) para quem o estado perfeito é alcançado quando: "[...] a mente, o corpo e a palavra consumam sua coordenação". Essas palavras exprimem a essência da complexidade e da harmonia.

Humberto Maturana é uma pessoa que conseguiu, em alto grau, uma coerência entre o que pensa, o que faz e o que diz. O que vou falar sobre a pessoa desse cientista é a partir das minhas próprias observações em minhas vivências com ele, em diferentes momentos da minha vida. Vou assumir aquela atitude complexa do "olho do observador", tão destacada por ele, ao longo de toda a sua teoria. Para Maturana, o princípio "Tudo o que é dito é dito por um observador" é um elemento organizador da realidade e do conhecimento e está relacionada com o que tenho analisado até aqui, ou seja, não existe um mundo separado do sujeito conhecedor e do vivente. Com isso, não tenho a menor pretensão de considerar que o que estou dizendo corresponda a uma realidade objetiva, mas é a minha construção do que considero ser Humberto Maturana.

Tive alguns encontros rápidos com Maturana em diferentes lugares. Um deles foi mais longo que os demais e aconteceu durante um agradável jantar onde estavam presentes meu marido, eu e Dr. Adriano Nogueira da UNICAMP. Foi em Porto Alegre, quando conversávamos sobre a publicação de dois textos dele editado num livro organizado por mim e por meu marido. Foi "um encontro encantador", segundo as palavras dele no autógrafo do livro (PELLANDA; PELLANDA, 1996). Esses textos tem um caráter histórico já que era a primeira vez que se publicava em língua portuguesa a obra de Humberto Maturana. Logo depois, surgiu o livro *Ontologia da Realidade* editado por dois professores da Universidade Federal de Minas Gerais (UFMG).[5] Foi, porém, num curso intensivo em Santiago, ao qual compareci junto com colegas de pesquisa, que pude sentir melhor a força humana e científica desse homem. Durante uma semana, ele deslizava e flutuava no ambiente do curso com uma leveza incrível no alto dos seus 77 anos à época. Em nenhum momento, nós, os alunos, tivemos a mínima sensação de que ele estivesse cansado. As aulas se estendiam pelo dia todo, de segunda pela manhã até o sábado à tarde. Algumas vezes, chegou mesmo a dançar. Eu, então, comentei com ele: tu me lembras Nietzsche, para quem dançar é parte do viver. Nietzsche (1996, p. 57) dizia: "Eu só poderia crer num Deus que soubesse dançar". Para o filósofo alemão e para o biólogo chileno, dançar é viver, é parte fundamental do aprender a viver. No viver, o que ocorre, explicava Maturana, é uma dança estrutural entre o organismo e o meio.

Para Maturana, o dançar vai muito além de uma metáfora. Ele dança a vida. Convidado por uma amiga que trabalha

---

[5] Os professores são Dra. Cristina Magro e Dr. Nelson Vaz. O livro: *A ontologia da realidade* editado pela UFMG em 1999.

com dança e sensibilização, Suzana Bloch, para conversar sobre o trabalho dessa última, Maturana aceita o desafio, dizendo que tomava isso como um convite para dançar. Essas conversações/dança se transformaram em livro. Ao início do encontro, Suzana diz para Maturana: "Creio que a maneira mais simples de conectar-se diretamente com o ritual da vida, é respirando, bailando e expressando as emoções básicas" (MATURANA; BLOCH, 1998, p. 20). Essas palavras são perfeitas para expressar o homem e o cientista que é Humberto Maturana.

Ainda que Maturana sempre deixe claro no início de qualquer encontro com profissionais das mais diversas áreas que ele falará como biólogo, o que aconteceu, ao longo daquela semana, no entanto, foi o encontro com o educador. Na performance daquele educador, fluía a sua teoria, perturbando a cada integrante do grupo, obrigando-nos a nos reconfigurar a cada momento. Nunca observei nele uma atitude professoral de quem professa uma verdade ou de quem ensina. Aliás, essa questão do ensinar, como temos visto aqui, torna-se impossível dentro do corpo teórico e epistemológico da teoria da *Autopoiesis*. Se o sistema nervoso é um sistema fechado que não admite entradas ou saídas, onde tudo se resume a perturbações, falar em ensino não tem o menor sentido. Assim como para os yogues, que consideram que cada ser humano precisa ser "mestre de si mesmo", Maturana jogava sempre essa tarefa sobre nossos próprios ombros.

É nas práticas educativas que Maturana desenvolve junto com um grupo de companheiros e companheiras no Instituto Matríztico, de Santiago, que podemos perceber mais intensamente aquela atitude de integração que ele expressa muito nesses últimos anos: "o entrelaçamento dinâmico da Biologia do Conhecer e da Biologia do Amar" (MATURANA; PORKSEN, p. 12). Nesse sentido, procurando ilustrar um pouco a afirmação do parágrafo anterior tentarei descrever um pouco o que foram nossos encontros em Santiago.

Durante o tempo que passamos juntos, através de um processo de linguajar/emocionar de cada um de nós, foi se formando uma rede de relações que foi configurando um sistema de perturbações mútuas. Com isso, estávamos permanentemente nos desconstruindo o que nos obrigava a nos repaginar continuamente e, nesse processo, nos dávamos conta daquele pressuposto tão enfatizado por Maturana: o ser e o conhecer são inseparáveis no processo de constituição do sujeito e somente são possíveis na ação emocionada no presente. Em outras palavras, não existe realidade prévia ao fazer de cada momento. A cada instante estamos nos inventando a partir das perturbações externas. Essas perturbações, por serem externas, não determinam o que acontece conosco, mas nos impelem a uma mobilização interna que, por sua vez, nos leva a uma reconfiguração. Cada um de nós é autor de sua própria realidade. E assim foi sendo tecida essa rede de agenciamentos de que estamos tratando.

Maturana começava cada encontro, invariavelmente, por perguntas sobre o que queríamos aprender, sobre o que estava nos preocupando ou simplesmente sobre o que queríamos conversar. O que estava implícito era a preocupação com o que teria significado para nós e, por isso mesmo, pudesse vir a fazer parte de nossa ontogenia. Esse procedimento criava imediatamente um compromisso de cada um com o grupo e consigo mesmo, e não uma atitude receptiva de espera do que um professor vá nos ensinar ou nos transmitir algo. Essa atitude me parecia muito bergsoniana pois, como já comentado anteriormente, para Bergson conhecer é inventar questões (THIBAUDET, 1923). Mas, ao mesmo tempo, ela estava inscrita em Maturana desde muito cedo, como um padrão que foi emergindo com o tipo de ações que constituíram sua infância e, mais tarde, vão integrar seu processo de construção científica.

Algumas palavras de Maturana (2004, p. 21) podem ilustrar um pouco melhor o que estou tentando exprimir:

Fui um menino normal e vivi uma vida normal ainda que talvez me distinga um pouco dos demais no sentido de que as perguntas que me colocava em pequeno seguem determinando minhas tarefas cotidianas até o dia de hoje. Então, ao insistir nessas perguntas as vivi como aspectos de minha cotidianeidade que queria responder com os meios de minha cotidianeidade. Isso não foi trivial. De alguma maneira nunca me interessaram as questões de essência, nunca quis saber como as coisas são em si, mas queria descobrir sim como chegaram a ser o que são.

Essas palavras expressam muito bem nossas vivências didáticas nesse curso. As perguntas tinham a função precípua de nos mobilizar para sermos os autores do nosso próprio conhecimento, e elas estavam ligadas também à necessidade de entendermos que é no presente, através de nossa ação que nos constituímos e construímos conhecimento. Com isso, ele queria nos fazer entender que o viver e o conhecer são partes de um fluxo vital.

Ele recursivamente resgata a sua infância e vai deixando fluir a genealogia do cientista que é. As palavras a seguir expressam de uma maneira perfeita o modo de ser, de pensar e de emocionar que pratica Maturana:

> Recordo, por exemplo, que um dia (eu tinha dez ou onze anos) me encontrava no pátio de casa junto a uma árvore em flor pensando no seguinte: não gosto de obedecer, não quero obedecer nunca. Que posso fazer? Se minha mamãe me manda ou pede que faça algo, vou fazer, mas não quero obedecer. Já sei. Sim, vou fazer o que me pede e o transformarei no que quero, farei isso meu, e assim não obedecerei; e se não quero fazê-lo, não o farei e aceitarei as conseqüências. Desse modo, não obedecerei nunca. Assim o fiz e desde então não obedeci nunca mais. Isso me deu liberdade em ser responsável e dono da minha vida. (MATURANA *in* BLOCH; MATURANA, 1998, p. 69)

Isso não é a própria atitude autopoiética? É o homem vivendo às suas próprias custas dirigindo seu próprio destino.

Para Maturana, a docência é algo não somente prazeroso como também fonte de inspiração. Ela está sempre relacionada a perguntas. Sobre o desempenho de sua dimensão de educador, ele fala de maneira muito estimulante:

> Para mim, a docência sempre foi extremamente importante porque, inspirado pelas perguntas inteligentes dos estudantes, os seminários eram para mim uma espécie de laboratório onde ensaiava diferentes abordagens do tema. Não me aborrecia jamais. Cada pergunta que sai pode ser interessante e levar a novas idéias. Além do mais, não comparto o desprezo pelos estudantes porque, visto fundamentalmente, sou da opinião que todos os seres humanos são igualmente inteligentes. (MATURANA, 2004, p. 156)

Mas qual é concepção de inteligência para a perspectiva que estamos abordando? A inteligência se expressaria na capacidade que um de nós tem de alterar a conduta de acordo com as necessidades de um meio sempre em mudança. Algumas pessoas são mais flexíveis nessa mudança, e outras, mais rígidas. A flexibilidade para viver no fluxo cria mais condições de aprendizagens mais efetivas e sutis que levariam a uma maior autonomia, ou seja, autonomia no sentido de maiores condições de controlar a própria vida. Fica clara, então, a ideia de que para Maturana a inteligência não é uma propriedade que alguém carrega consigo, mas trata-se, antes de tudo da relação que temos com nós mesmos e com os outros. A inteligência emerge das relações sociais. Ninguém nasce mais ou menos inteligente. Ficamos inteligentes ao aprender no processo de nos acoplar com a realidade. Dessa forma, quanto mais rico e desafiador for um ambiente, mais oportunidade teremos de desenvolver nossa inteligência.

A inteligência está profundamente associada com a capacidade amorosa. Gosto muito da frase de Maturana onde ele explica essa associação profunda e o papel das emoções para a inteligência:

> As distintas emoções têm diferentes efeitos sobre a inteligência; assim, a inveja, a competição, a ambição

> [...] reduzem a inteligência. Por isso, para que o espaço educacional seja uma espaço de ampliação da inteligência e criatividade não pode haver avaliações do ser dos estudantes, só do seu fazer. (MATURANA; NISIS, 1997, p. 22)

A experiência de Santiago marcou a vida de cada um de nós, o que pode ser conferido pelos depoimentos dos participantes ao encerrar o curso e ainda no teor das mensagens que trocamos esporadicamente. Os depoimentos estão no *site* do Instituto Matriztico (www.matriztica.org) A dinâmica do grupo era tal que desencadeava em nós emoções que nos acordavam para a vida e para repensar nossas práticas. A educação tradicional fracassou exatamente por essa falta de conexão entre aquilo que necessitamos para nossa constituição e o que nos é oferecido. E o que nos é oferecido, na maioria das vezes, não se conecta com nossos desejos e emoções como também não contempla nossa necessidade biológica profunda (autopoiética) de sermos autores e inventores de nós mesmos. Essa falta de conexão entre o que precisamos para viver, ou seja, nossa necessidade de construir sentido no que estudamos e o que é oferecido na escola, é a tragédia da educação tradicional.

Mas, afinal, de que dinâmica estou falando ao me referir aos encontros com Maturana? Refiro-me a uma dinâmica das conversações que está no centro da teoria autopoiética na medida em que o ser humano para esse cientista se constitui na linguagem.

> [...] o humano surge, na história evolutiva dos primatas bípedes a que pertencemos, com a linguagem. Quando isso ocorre, o viver na linguagem faz parte do fenótipo ontogênico que define nossa linhagem como linhagem cultural e em cuja conservação se dão todas as variações estruturais que levam ao ser biológico *Homo sapiens sapiens*. (MATURANA, 1994, p. 142)

Maturana (1997) sugere que "conversar" vem do latim *cum* – com – e *versare* – dar voltas. O que aconteceu com o grupo a partir do ambiente criado por ele foi uma dança que modulava emoções, palavras e corpos. Para Maturana (1993, p.32) educador perguntado sobre o que é educar ele respondia:

> [...] educar é uma coisa muito simples: é configurar um espaço de convivência desejável para o outro de forma que eu e o outro possamos fluir no conviver de uma certa maneira particular. Eu lhes respondo que, quando se consegue que o outro, a criança, o jovem, aceitem o convite à convivência, educar não custa nenhum esforço para se viver. (MATURANA, 1993, p. 32)

O ser humano tem uma necessidade contínua de autocriação, e isso faz com que linguagem e cognição, através de ações efetivas, estejam sempre se constituindo socialmente em redes de conversações que configuram nosso mundo. Um sistema de conversações é, portanto, um sistema não linear que não se rege por uma linearidade causa-efeito, mas o efeito rebate sobre a causa criando um sistema fechado que se autoalimenta. Essa é uma das características cibernéticas da teoria da Biologia do Conhecer. O importante aqui é assinalar que o funcionamento desse sistema é consequência da estrutura biológica dos seres humanos, pois Maturana, como já referido, sempre fala como um biólogo. Assim:

> a educação é um processo no qual tanto estudantes como professores mudam junto de forma congruente enquanto se mantém em interações recorrentes de tal modo que os estudantes aprendem a viver com seus professores em qualquer domínio da vida. (MATURANA, 1999, p. 40)

Isso é muito importante para os educadores que precisam entender que, quando não há esse espaço de congruência, onde não há lugar para que os estudantes possam se construir encontrando aquilo que faz sentido para a sua vida, e portanto, necessário para sua *autopoiesis*, não há transformação, mas sofrimento.

Como expressão das emergências autopoiéticas individuais no grupo, transcrevo as palavras de uma das colegas educadoras brasileiras que participou. Karla Demoly fala de seu próprio processo de reconfiguração a partir das perturbações do curso:

"A experiência que vivi no Curso Introdutório em Biologia do Conhecer-Biologia do Amar foi das mais importantes em minha trajetória.

Sou mulher, mãe, educadora interessada nos fenômenos do linguajar. Como professora-pesquisadora, vinha interagindo há alguns anos com os escritos do Dr. Humberto Maturana e, no curso que realizamos, pude entender algumas explicações sobre o viver-conhecer em meio às redes de conversações que tecemos durante uma semana.

Cada vez que paro para refletir sobre o curso que fizemos, fico bastante emocionada, pois fomos capazes de darnos conta de que conhecer é um processo inseparável do viver e da invenção de realidades.

Nascemos como seres amorosos, mas ao longo do viver, como seres humanos, produzimos para as crianças uma cultura patriarcal-matriarcal que maltrata a todos nós, pois se sustenta na competição pelo conhecimento, no egoísmo, no desrespeito ao outro como legítimo em seu modo de pensar-viver.

A realidade em si não existe, surge no explicar do observador a um acontecimento. Esta posição diante do viver-conhecer nos situa como responsáveis pelo mundo que tecemos no caminhar".

Uma outra narrativa de colega do grupo foi a do Gabriel Acosta Mikulasek do México:

"La mejor manera que puedo describir el curso del Instituto Matríztico es como el comienzo de un observar y conversar de quien soy como ser humano, esposo, padre y profesional.

En mi pasado he estudiado algunos de los conceptos del Dr. Humberto Maturana por medio de otras personas e instituciones. Aunque estos estudios tuvieron un gran impacto en mi, nunca sentí que tenia el entendimiento completo de lo que el Dr. Maturana quería decir. Sabía que algo faltaba.

Ahora, después de tomar este curso y entrar en conversaciones con las personas del Instituto Matríztico he empezado a tener un entendimiento mas profundo y conmovedor sobre las distinciones como autopoiesis, lenguajear, conversar, emociones, etc. Estas distinciones han empezado a aparecer en mi vivir no como entendimientos puramente mentales sino como una nueva manera de vivir en armonía con el mundo y con una apreciación mas profunda de todo lo que me rodea. Se que esta es una conversación que llevare conmigo siempre y que estará ayudándome a hacer una mayor contribución en el mundo en que vivo."

Nas palavras de Gabriel, a expressão profunda do que é aprender pela vivência emocionada e a clareza do papel de um educador. O entendimento desse colega do que eram os conceitos da teoria antes e depois do encontro com Maturana sofreu um giro fundamental: passou da recognição para a cognição, ou seja, passou a ser incorporado em sua própria ontogenia. Portanto, conhecer implica uma circularidade do viver/conhecer-conhecer/viver e, por isso, torna-se uma questão biológica fundamental. Von Foerster (1996, p. 29) ao tentar explicar esse processo de um ponto de vista cibernético, usa o adágio: "Você pode levar um cavalo até a água, mas não pode fazê-lo beber".

No meu próprio depoimento, expressei meu processo de desconstrução/construção a partir das perturbações matrízticas. No calor da emoção, ao voltar para casa, escrevi minhas impressões. Para melhor expressá-las, no meu texto, apelei para as palavras do yogue hindu Paramahansa Yogananda, que tem sido meu mestre e em quem eu encontro princípios autopoiéticos fundamentais, como aquele que tem sido central na minha vida: "é preciso ser o capitão do próprio barco". Escrevi, então, para o Instituto Matríztico, colocando no meio da narrativa, as palavras do guru para expressar minhas próprias emoções:

> No processo da justiça natural (ritá), cada homem, por seus pensamentos e ações vem a ser o modelador de seu destino. Quaisquer energias que ele próprio, sábia ou insensatamente, tenha posto em movimento, voltam a ele, a seu ponto de partida, como um círculo completando-se inexoravelmente a si mesmo. O mundo se parece a uma equação matemática: por mais que se verifiquem transposições de termos, ela se equilibra a si mesma. (YOGANANDA, 1981, p. 250)

Essas palavras serviram para descrever a mim mesma através da yoga, que pratico há mais de 30 anos. Pretendia com elas expressar a ideia de que conhecimento é sempre vivência integral da realidade, como também dizer que entendi a teoria da *Autopoiesis* ao me apropriar de mim mesma.

BIOLOGIA DO AMOR: O REFINAMENTO DA TEORIA AUTOPOIÉTICA

> *Em verdade, eu diria que 99% das enfermidades humanas tem a ver com a negação do amor.*
>
> *A Biologia do Amor não é uma opinião a mais, é uma revelação dos processos biológicos que nos constituem como a classe de seres que somos.*
>
> Humberto Maturana

No desdobramento de suas pesquisas biológicas e retomando a Biologia do Conhecer para ampliá-la pensando os fundamentos do humano, Maturana elabora a teoria da Biologia do Amor. Para esse cientista, o amor é a emoção básica do viver humano, pois ele teria dado origem à própria espécie. Pensando numa linhagem de primatas bípedes, uma bifurcação teria ocorrido em virtude da maneira de viver de um determinado grupo que passou a cultivar um modo de vida em grupos menores de cuidado com os filhos pequenos onde pai, mãe e filhos passam a viver em redes de cooperação e afeto. Isso aconteceu por volta de cinco a seis milhões de anos atrás. Essa cultura foi se conservando através do tempo e deu origem ao *Homo sapiens* e, depois, ao *Homo sapiens sapiens*, que a incorporou em seu viver. Para Maturana, portanto, o ser humano se fez humano pelo amor, que é uma emoção básica. Ele define o amor, então, como uma emoção, um modo de conviver, uma forma de condutas relacionais entre os seres vivos. Como tal, é um fenômeno biológico que tem consequências na constituição integral do sistema vivo. Os seres humanos vão se transformando através do tempo pela prática do amor. Por isso, é um fenômeno evolutivo porque leva ao devir de nossa linhagem humana, como também é um fenômeno ontogênico na medida em que vai constituindo as nossas subjetividades.

A ciência clássica não trabalha com fenômenos subjetivos e sutis como o amor, por exemplo. As emoções e as questões subjetivas em geral foram banidas do paradigma newtoniano-cartesiano. O fato de Maturana trazer o amor para o centro de sua teoria é algo muito ousado, mas é justificado no quadro de um outro paradigma, o da complexidade, o qual não admite nenhuma cisão na realidade que é percebida de forma holística. Mas Maturana não foi pioneiro nesse sentido, pois ele herdou de Gregory Bateson essa abordagem. Mary Catherine Bateson, filha de Gregory, explica a gênese da abordagem do tema do amor para a nova tendência:

> Gregory havia chegado a estabelecer uma estratégia de tomar palavras como "amor" ou "sabedoria", espírito, mente ou o sagrado- palavras com que se designam questões que os não materialistas consideram importantes e que os homens de ciência seguidamente consideram como inacessíveis ao estudo- e redefini-las recorrendo aos instrumentos conceituais da cibernética. (BATESON; BATESON, 2000, p. 20)

Nesse contexto de conviver em grupos solidários, a linguagem joga um papel fundamental porque está diretamente ligada às emoções. Sobre essas origens (1994, p. 251), assim se expressa Maturana:

> No processo que dá origem à linguagem e ao conversar como parte definitória do humano em nossos ancestrais primatas, há uma emoção básica que teve que estar presente como transfundo permanente para que isso ocorresse: o amor.

A linguagem que está, portanto, diretamente ligada às emoções vai proporcionar o desenvolvimento do cérebro e a emergência de uma inteligência cada vez mais refinada. O cérebro humano é de uma grande plasticidade e vai se complexificando cada vez mais na interação dos seres humanos com a realidade devido ao tipo de vida que eles levam em termos de um acoplamento com a realidade, ao qual damos o nome de aprendizagem.

Sendo o amor um elemento fundante do humano, ele vai participar da própria constituição dos sujeitos de forma integradora, articulando inteligência/subjetividade/conhecimento. É exatamente por isso que não podemos falar em emergência de conhecimento sem levar em conta as emoções e o linguajar. E, assim, podemos aqui articular os pressupostos centrais das duas teorias: a Biologia do Conhecer e a Biologia do Amor. O conhecimento não é o resultado daquilo que se capta do exterior, mas ele emerge nas conversações, no conviver com o outro. As conversações nada mais são do que um fluir do emocionar e do linguajar onde a razão entra, mas não é o elemento fundante. Como diz Maturana (1994, p. 238) "Não é a razão que guia o humano, é a emoção". Formalizar o processo cognitivo, portanto, como fazem muitos epistemólogos e educadores, separando razão e emoção ou mesmo privilegiando o pensamento lógico, é desconhecer o funcionamento complexo do humano.

Os educadores precisam estar muito conscientes do lugar do amor na constituição do humano e entender que esta não é uma questão trivial, como costuma repetir Maturana. O sentido da escola e o sentido da vida de cada um de nós estão diretamente ligados ao amor enquanto força conectiva que nos liga ao todo e, ao mesmo tempo, se constitui na nossa autoafirmação, condição de produção de *autopoiesis*. Ao longo da história da humanidade, sempre houve seres iluminados no oriente e no ocidente que tiveram a clara percepção de que o ser humano é um só ser, o sujeito-humanidade. Assim pensaram os yogues, com sua realidade única, Espinosa, com sua substância única, e, mais recentemente, Pierre Teilhard de Chardin, com seu conceito de uma grande rede, a noosfera, como um único ser convergindo para o ponto Ômega. O amor é o elemento que atravessa e liga esses seres numa única humanidade. Maturana teve um *insight* fundamental ao perceber o amor como o elemento que sustenta a humanidade. Para ele, sem amor a humanidade não sobreviverá.

Ao falar de amor, Maturana fala sempre como um biólogo, enfatizando esse aspecto do emocionar como um fenômeno biológico. Ele considera que negar essa emoção básica, negar nossa condição de seres amorosos que surgiram com o compartir alimentos e cuidados, implica em cairmos comportamentos neuróticos e sujeitos a doenças de todo o tipo que seriam consequências de ausência de harmonia interna (relação com nós mesmos) e com os outros. Essa emoção funda o social, o que pode ser inferido da definição de amor que está no centro da teoria da Biologia do Amor: "O amor é o domínio das ações que constituem o outro como um legítimo outro na convivência" (MATURANA, 1994, p. 46).

Pesquisas recentes nas Neurociências e a atualidade de Maturana

Estou recursivamente enfatizando ao longo do texto a marca paradigmática da abordagem complexa da realidade feita por Maturana de maneira pioneira, juntamente com outros representantes do MAO. Nessa abordagem, gostaria de chamar a atenção para a presença de seis vértices que atravessam o texto bem como toda a obra de Humberto Maturana. Esses vértices estão presentes nos estudos recentes da Neurociência o que nos mostra a importância do trabalho seminal desse cientista e a presença de seus pressupostos em estudos de ponta nessa área do conhecimento:

1 - A cognição é, em seus fundamentos, um fenômeno biológico;

2 - a ideia de que a vida é movimento em detrimento de uma compreensão estática da ciência clássica;

3 - a conectividade entre tudo o que existe ou a rede como modelo da vida;

4 - a unidade mente/corpo;

5 - a complexidade como fator constituinte da realidade;

6 - a presença do princípio da auto-organização em máquinas e seres vivos.

Até poucas décadas atrás, os cientistas estavam convencidos de uma certa estabilidade do cérebro a partir de uma determinada etapa do desenvolvimento humano. O que as pesquisas recentes estão descobrindo é uma extraordinária plasticidade do cérebro dos mamíferos em qualquer idade. O cérebro se reconfigura com a experiência o tempo todo. Tudo parece indicar que o cérebro, evolutivamente, se constituiu de tal forma que ele se caracteriza por ser um órgão destinado a mudanças contínuas.

Vimos, através da abordagem neurofisiológica dos biólogos Maturana e Varela, que importantes achados empíricos levaram à descoberta da complexidade viver/conhecer e à presença de pressupostos cibernéticos atuando no processo vital. A partir de pesquisas sobre a percepção das cores, juntamente com outros ciberneticistas, Maturana (1980) chegou à conclusão de que a geometria dos campos receptivos das células ganglionares não está relacionada com a geometria do objeto percebido. Ora, isso derruba a ideia de representação de um mundo objetivo externo a ser representado internamente pelo ser vivo. Maturana reconheceu aí a emergência de uma nova epistemologia. Esses resultados levaram esse cientista a pensar numa organização dos sistemas vivos como uma rede fechada de organização circular numa complexidade de funcionamento onde a cognição é fator de organização vital. Conclui ele então: "Seja qual for o caso, para mim este achado teve grande significado e me empurrou para o estudo da cognição como um problema biológico legítimo" (MATURANA, 1980, p. XV).

Essas pesquisas abriram caminho para pensarmos o processo de devir da organização viva sempre em constante reconfigurações. A neuroplasticidade hoje é um fato aceito por cientistas de formação clássica e aqueles formados no duro solo da complexidade. Investigadores ligados à Universidade de Berkeley e Illinois, nos Estados Unidos, entre outros, estão mostrando que a experiência e as aprendizagens em "ambiente complexo" produzem uma densificação das conexões entre os neurônios constituindo as sinapses (HOLLOWAY, 2003). Mas o que é um ambiente complexo? Para Holloway, complexidade está relacionada com conexões que vão ligando diferentes aspectos da realidade. Assim chegamos às questões da aprendizagem como um fenômeno que "produz um fortalecimento das conexões entre neurônios – mediante a criação de mais conexões entre eles, com aumento da capacidade de se comunicar quimicamente" (HOLLOWAY, 2003, p. 72-73) Essa autora mostra que novas sinapses poderão ser produzidas em ratos, desde que sejam expostos à ambientes complexos. Para ela, esses ambientes complexos são desafiadores e proporcionam experiências enriquecedoras. Isso, ironicamente, parece ser o contrário do que acontece em nossas escolas, de modo geral.

Sob o ponto de vista autopoiético, complexo seria aquele espaço onde os seres humanos possam se autoexperimentar e se relacionar com os outros de maneira fluida, nas conversações e na experimentação de si mesmos, em ambientes perturbadores, de forma a serem desafiados por situações que os desestabilizem, levando-os a auto-organização. Isso nos leva novamente a pensar o ambiente escolar, de modo geral, como um ambiente muito pobre no sentido das necessidades autopoiéticas dos alunos. Podemos até encontrar de forma generalizada um tipo de escola para classe média alta, com ambientes muito bem equipados, mas, na verdade, neutralizados pela presença de metodologias simplistas que trabalhem com referências externas e recognição desarticuladas da vida cotidiana dos sujeitos com suas emoções e necessidades vitais. O que seria conhecer, então, lembrando mais uma vez o que nos ensina a Biologia da Cognição? É a atividade de um sujeito escaneando seu ambiente e dando a ele respostas efetivas engendradas por ele mesmo (MATURANA; VARELA, 1980). Essa é a concepção de cognição usada neste trabalho. Clara Oliveira (1999, p. 347) expressa muito bem essa ideia nas seguintes palavras:

> Cognição – o domínio de interações de um organismo. O seu saber atuar face a determinado tipo de perturbações. Sempre que essa cognição se mostre inadequada face a perturbações que ocorram num determinado momento de sua ontogenia, o organismo aprende a criar outros mecanismos e ou componentes que garantam a

sobrevivência da sua lógica organizacional, e, logo, a sua sobrevivência. Se não o conseguir fazer, esse sistema vivo tornar-se-á doente até ter realizado essa aprendizagem; se nunca o conseguir fazer, o organismo desintegrar-se-á no espaço físico.

Voltando a Maturana e Varela (1990), para Maturana (1995, 1999) e para Varela (1991), é impossível separar as diferentes dimensões do humano, porque o ato cognitivo é parte do processo de viver e implica a presença ativa das emoções. Ao viver, não podemos separar nenhuma instância do nosso ser que sobrevive porque aprende enquanto vive. Dessa forma, proponho um repensar as questões de psicogênese colocadas por Piaget, à luz de outras abordagens, sem, no entanto, abandonar elementos que nesse epistemólogo são fundamentais para compreender a gênese do conhecer nos seres humanos.

Vimos como Von Foerster, ao se juntar ao grupo cibernético, vai abrir caminho para o aprofundamento do estudo do cérebro e dos processos mentais ao aplicar os princípios cibernéticos ao funcionamento do vivo. O princípio por ele formulado da "ordem pelo ruído" vai servir de ponto de partida e sustentação para inúmeras pesquisas nessa área. Vimos também que os primeiros biólogos a seguir essa senda foram Atlan, Maturana e Varela. Mas, rizomaticamente, os estudos da neurofisiologia foram se abrindo em muitas direções e hoje encontramos um número significativo de cientistas trabalhando a partir da ideia do caos e da autorregulação. Na Universidade de Berkeley, na Califórnia, Walter Freeman e sua equipe trabalham com o pressuposto rede para explicar a atividade cooperativa de milhões de neurônios em atividade nas circunvoluções do córtex. Eles vão abordar a questão da percepção a partir do caos:

> Nossos estudos nos permitiram descobrir também uma atividade cerebral caótica, um comportamento complexo que parece causal mas que na realidade possui uma ordem oculta. Essa atividade é evidente na tendência que amplos grupos de neurônios têm de passar brusca e simultaneamente de um quadro complexo de atividade a um outro em resposta ao menor dos estímulos. Tal capacidade é característica primária de muitos sistemas caóticos. Ela não danifica o cérebro, acreditamos, ao contrário, que seria exatamente essas a chave da percepção. Avançamos também a hipótese de que ela seja a base da capacidade do cérebro de responder de maneira flexível às solicitações do mundo externo e de gerar novos tipos de atividade, incluída aí a concepção de novas idéias. (FREEMANN, 2005, p. 31)

Pesquisas que estão se desdobrando no campo da Neurobiologia, com estudos aprofundados da dinâmica das redes neuronais enfocando o papel dos neurotransmissores chamam a atenção para as questões de aprendizagem e o seu imbricamento com a atenção e os hábitos, bem como com a capacidade de exercitar-se do cérebro. Todos esses elementos vão convergindo para a constatação de uma neuroplasticidade muito significativa no cérebro dos mamíferos. O cérebro muda o tempo todo, e quanto mais ele for desafiado, mais ele se transforma. Nossas atitudes ativas diante da vida, nossa capacidade para responder aos desafios têm como consequências reconfigurações cada vez mais complexas do cérebro. A tecnologia imagética hoje, principalmente com a ressonância magnética é forte aliada das pesquisas, pois permite o mapeamento de zonas do cérebro que foram estimuladas.

O mais interessante dessas pesquisas é que podemos encontrar nessas atividades uma emergência do singular sinalizando uma produção de diferença. Segundo Freeman (2005, p. 32), trata-se de "uma percepção carregada de significado, única para cada individuo". Essa questão da singularidade e da autorregulação está presente em muitas pesquisas atuais.

Diferença é um fator fundamental para a constituição do humano. Não é, de forma alguma, um fator menor porque é o próprio motor da evolução. Para ocorrer, o processo evolutivo da vida precisa acumular diferenças que se transformam em mudanças ao longo do tempo. E, assim, o novo e a diferença só podem emergir do aleatório.

É muito significativo observar-se uma gradativa emergência da constituição de si e da autonomia dos seres humanos a partir de dados experimentais advindos da Biologia da Cognição e agora presente nas pesquisas recentes das Neurociências. Com isso, faço uma ponte entre essas pesquisas e o trabalho do cientista português radicado nos Estados Unidos António Damásio. Suas pesquisas na Universidade de Iowa são muito importantes para a ciência contemporânea, e esse quadro ficaria incompleto sem essas referências. Um dos destaques das pesquisas de Damásio é o "sentimento de si" e a relação disso com a cognição. Para ele, não se pode estudar os seres humanos de modo geral, mas o processo de singularização de cada ser humano em sua própria produção (DAMÁSIO, 2000).

Considero o mais interessante de todo o trabalho de Damásio o fato de que sua fonte primeira de inspiração é Espinosa. "Por que Espinosa?" (DAMÁSIO, 2003, p. 8), ele mesmo se pergunta. E responde mostrando que, para esse filósofo, os impulsos, as emoções e os sentimentos formam um conjunto coeso que são os afetos fundamentais para a vida dos seres humanos. Ser humano, para Espinosa, é sinônimo de ser afetado. Conhecer para esse filósofo, é a capacidade de ser afetado (ESPINOSA, 1983). Com esses elementos, Damásio fundamenta-se, para suas rigorosas pesquisas, nas Neurociências, em cujos meandros podemos identificar mecanismos de "acoplamento estrutural" inseparáveis do processo de aprendizagem e das emoções e outros mecanismos biológicos descritos por Maturana e Varela, já referidos aqui. Damásio situa suas pesquisas nesse contexto de complexidade. Diz ele:

> Em anos recentes, tanto a neurociências como a neurociência cognitiva finalmente referendaram a emoção. Uma nova geração de cientistas elegeu a emoção como tema de estudo. Além disso, a presumida oposição entre emoção e razão já não é aceita sem questionamento. Por exemplo, estudos em meu laboratório mostraram que a emoção integra o processo de raciocínio e decisão, seja isso bom ou mau." (Damásio, 2000, p. 61-62)

A concepção de cognição de Damásio é, portanto, complexa, pois, para ele: "A vida sendo um ato altamente conectado, a maioria dos sentimentos são expressões da luta pelo equilíbrio, idéias de estranhos ajustes e correções sem o que nós muito frequentemente poderíamos colapsar como um todo" (Damásio, 2003, p. 6-7).

Damásio (2003, p. 12-13), ao se referir a Espinosa nessa linha de acoplamento e autorregulação, salienta o fato de que "os organismos lutam para adquirir perfeição crescente da função que Espinosa equipara à alegria".

Para Damásio, a aprendizagem está relacionada com a intricada rede pensamento/emoções. Com base nisso, ele afirma que "Os níveis cognitivo e emocional de processamento são continuamente ligados dessa maneira" (Damásio, 2003, p. 71) Para ele, isso pode ser provado experimentalmente.

Espinosa recusava-se ver uma separação entre conhecimento e vontade. Por isso, o conhecer está ligado à vontade que, por sua vez, está ligada aos afetos. Uma afecção como a alegria, por exemplo, aumenta nossa capacidade de agir enquanto a tristeza diminui.

A convergência de Espinosa, Maturana e Damásio deve-se ao papel central das emoções na cognição e, portanto, na própria constituição da inteligência. Diz Maturana (1995, p. 19):

> A inteligência não é uma propriedade que alguém tenha, é uma propriedade que surge na relação. O medo restringe a inteligência, ambição restringe a inteligência, a competição restringe a inteligência [...] O amor é única emoção que amplia a inteligência".

O que interessa para a tese central deste texto é mostrar a inseparabilidade entre ser e conhecer no processo de viver, o que, sem dúvida, foi apontado pela primeira vez, por Maturana, ainda nos anos 1970. Pois bem, minha intenção aqui com este capítulo foi mostrar essas inseparabilidades relacionadas aos dados experimentais. Enfatizo, uma vez mais, o quanto somos herdeiros de uma tradição fragmentadora que é ainda muito forte na ciência cognitiva e nas Neurociências. Para essa tradição, como diz Damásio (2000, p. 61): "A mente permaneceu ligada ao cérebro em uma relação um tanto equívoca, e o cérebro foi consistentemente separado do corpo em vez de ser visto como parte de um organismo vivo e complexo" (DAMÁSIO, 2000, p. 61).

ABRINDO CAMINHOS

Para encerrar essas reflexões sobre Maturana e a sua relação com a educação gostaria de me referir a este capítulo como aberturas de caminhos, e não como conclusão. Na verdade, os estudos do MAO e, mais especificamente, a obra de Humberto Maturana tem profundas implicações para a educação, como pudemos constatar ao longo deste texto. Eles abrem espaços para uma sociedade mais humanizada porque resgata, a autonomia e a responsabilidade ética e amorosa de cada ser humano. As ideias de que somos responsáveis pela nossa própria formação, pela configuração de nossas vidas e de que criamos realidade ao agir nos dão uma outra perspectiva do que é viver em sociedade. Maturana insiste, ao longo de toda a sua obra, que o mundo e o conhecimento emergem com a nossa ação e que isso traz um mundo pela mão.

Diante de todo esse quadro de descobertas científicas que estão configurando o paradigma da complexidade, nós podemos inferir a necessidade profunda e urgente de nos perguntar: como ficam, então, as práticas educativas e a educação em geral com essas perturbações. Não podemos fazer de conta que essas coisas não estão acontecendo. A virada epistêmica e ontológica foi muito profunda principalmente devido ao fenômeno que emerge da Biologia da Cognição: a referência não está num mundo externo e objetivo que representamos dentro de nós, mas num mundo visto a partir de nossa estrutura e percepção, a partir do qual nós constituímos a realidade, o conhecimento e a nós mesmos no processo de viver. Com isso, emerge também um outro conceito de cognição que foi referido ao longo do texto: ação efetiva num determinado ambiente como parte fundamental do viver de cada um. Nesse caso, as práticas formalistas e mecânicas das nossas escolas não têm o menor sentido trazendo sofrimento para os estudantes na medida em que não fazem sentido para a ontologia de cada ser. Nas palavras de Maturana (1994, p. 31), uma explicação mais precisa do que estou querendo dizer:

> As pessoas não são iguais. O que você ouve do que eu digo tem a ver com vocês e não comigo. O que correntemente se diz, no entanto, é que alguém conhece captando o externo. Mas, no sentido estrito, isso não pode acontecer porque somos sistemas determinados estruturalmente. O mundo no qual vivemos é um mundo diferente do que se afirma por aí. Não é um mundo de objetos independentes de nós ou do que fazemos, não é um mundo de coisas externas que alguém capta no ato de observar, mas sim é um mundo que surge na dinâmica de nosso operar como seres humanos.

A fragmentação da modernidade nos ensinou a dissociar o processo de construção de cada um com o processo de conhecer e com a constituição do social. Isso nos trouxe todos os problemas que hoje estamos vivendo, caracterizados, antes de mais nada, por um individualismo exacerbado, o que nos leva na atualidade a uma violência generalizada. Temos a maior dificuldade de estabelecer relações entre nossas ações e o próprio cosmos. O mundo foi desencantado, como costumava denunciar Prigogine.

O desencantamento do mundo se torna visível na juventude dizimada pelas drogas, na competição feroz entre as pessoas, no esquecimento dos vínculos, na falta de paciência das pessoas, na guerra do trânsito, etc. Enfim, em toda a parte, vemos os laços amorosos se afrouxarem e o surgimento, no seu lugar, das doenças típicas da atualidade:

o *stress*, a depressão e as compulsões de toda ordem, numa busca desesperada de buscar fora de nós o que não podemos encontrar a não ser dentro de nós mesmos. A depressão, por exemplo, será para a Organização Mundial da Saúde, em 2020, a segunda maior causa de morte no mundo. Ela terá claramente a forma de uma epidemia. A cultura que está sendo gestada na atualidade, em decorrência desses fatores que acabamos de mencionar é altamente preocupante e anuladora das condições de constituição de si. Se não agirmos, agora lançando mão dos pressupostos que temos como a ideia de rede como modelo da vida e, a partir dela, a necessidade de vínculos amorosos, a situação ficará fora de controle, e seremos responsáveis por um mundo inviável. A alerta de Maturana (MATURANA *in* MATURANA; BLOCH, 1998, p. 104) nesse sentido é fundamental:

O aborrecimento é uma emoção própria de uma cultura que orienta as crianças a buscar o sentido da vida nas coisas, na contínua alienação de uma busca interminável. Nessas circunstâncias, o sentimento de aborrecimento ao sentir-se no desengano de um fazer em um presente sem sentido. Por isso, aquele que se aborrece busca sair do aborrecimento na distração externa, a que capta sua atenção por um momento para dar lugar novamente ao aborrecimento.

As potencialidades para pensar a cognição como inseparável das emoções a partir do MAO e da Biologia do Conhecer ainda não foram cartografadas por epistemólogos e educadores. Mas felizmente notamos um movimento de pesquisadores e educadores em direção a essas apropriações. Começam a aparecer alguns estudos que, ainda que preliminares, tentam fazer essas aproximações. Entre esses estudos, gostaria de citar os de Clara Oliveira (1999) e os de Maria Cândida Morais (2003). Espero também ter podido contribuir ainda que modestamente nesse sentido (PELLANDA, 2005, 2006).

Dos estudos que acabo de referir destaco alguns elementos de fundo que podem servir como marcadores para o desenvolvimento de outros estudos para pensar a aplicação dos pressupostos do MAO e os de Maturana. Isso pode ser feito em termos da configuração de uma educação voltada para a inseparabilidade dos laços cognitivos, e afetivos calcada nos princípios biológicos. Dessa forma, destaco a seguir os principais pressupostos que emergem dessas teorias:

– visão de um universo dinâmico e em evolução constante, o que é muito diferente do universo estático e determinista da física clássica;

– conhecimento como criação (não aquisição). Essa ideia está profundamente relacionada com a anterior pois o universo evolui a partir de processos construtivos e auto-organizadores;

– o papel do sujeito autônomo que constrói a si mesmo e o seu conhecimento de forma inseparável de sua constituição como sujeito;

– o cálculo que um organismo efetua para avaliar as ações que precisa tomar para viver é inseparável de sua própria sobrevivência;

– na perspectiva da afirmação anterior, o meio não pode fornecer informações, mas apenas perturbações;

– a impossibilidade de pontos de vista definitivos devido às interações constantes e constituintes. O viver humano é fluxo e devir e nunca caracterizado por situações estáveis;

– circularidade educador/educando. Educador e educando aprendem e se transformam no ato educativo. Se não houver essas transformações, não ocorreu processo educativo e construção de conhecimento.

Esses pressupostos que estão na obra de Humberto Maturana não emergiram simplesmente de sua teoria, mas eles estavam presentes em diferentes ciências do MAO e serviram para pavimentar o caminho trilhado por ele e por Francisco Varela. A partir desses elementos teóricos, os educadores poderiam ficar atentos para refletir sobre a realidade onde precisam atuar: um universo instável, em processo de evolução, com flutuações que criam zonas de ruído, mas, ao mesmo tempo, de imensas potencialidades. O que Maturana aprendeu com a termodinâmica de Prigogine (1996) é que os seres vivos somente podem viver em situação de desequilíbrio porque é ali que se criam as condições para a construção da vida e do conhecimento.

Pierre Lévy (2001, p. 12) captou com genialidade a síntese dos pressupostos da complexidade e expressa nas palavras a seguir, que podem servir de lição profunda para os educadores:

> O mundo que se edifica hoje não é perfeito no sentido em que não corresponde efetivamente a nenhuma idéia pré-concebida. Ele não é tranquilizador nem protetor. Surpreendente, ele está incessantemente no limite do caos e da desorganização. Mas é precisamente nessa borda da ordem e do caos que se situam a invenção e a energia espiritual máxima. (LÉVY, 2001, p. 12)

A obra de Humberto Maturana está destinada a trazer para uma humanidade angustiada e desesperada novas esperanças de podermos inventar outros mundos muito diferentes daquele que herdamos da modernidade. Podemos inferir do conjunto de suas elaborações que, assim como nos deixamos levar nessa corrente entrópica que fragmentou nossa realidade e, por isso mesmo, nos despontecializamos, podemos também reinventar nossas vidas, pois cada um de nós fabrica a sua própria realidade de forma autônoma e em cooperação, ao mesmo tempo revertendo a entropia. A harmonia rompida pode ser recuperada desde que nos demos conta de nossa força que provém desse cosmos do qual somos uma parte integrante. Para concluir, fico mais uma vez com as palavras de Humberto Maturana (1994, p. 33):

> O divino é o que capta a visão poética da harmonia da existência. A partir do momento em que se vive a harmonia da existência, não há esforço, não há sofrimento, não há angústia.

REFERÊNCIAS

ATLAN, H. *Entre o cristal e a fumaça*. Rio de Janeiro: Zahar, 1992.

BACHELARD, G. *O novo espírito científico*. Rio de Janeiro: Tempo Brasileiro, 1985.

BACHELARD, G. *A formação do espírito científico*. Rio de Janeiro: Contrapontno, 1996.

BATESON, G. *Spiritu y naturaleza*. Buenos Aires: Amorrotu,1991

BATESON, G. *Steps to an ecology of mind*. Chicago: Chicago University Press, 2000.

CUKIER, J. A educação escolar: agente de mudança psíquica positiva ou agente didacopatogenizante? In: PELLANDA, N. M. C.; PELLANDA, L. E. P. *Psicanálise hoje: uma revolução do olhar*. Petrópolis: Vozes, 1996.

DAMÁSIO, A. *O mistério da consciência*. São Paulo: Companhia das Letras, 2000.

DAMÁSIO, A. *Looking for Spinoza*. Orlando: Harcourt, 2003.

DELEUZE, G.; PARNET, C. *Diálogos*. São Paulo: Escuta, 1998.

DUPUY, J.-P. *Nas origens das ciências cognitivas*. São Paulo: UNESP, 1996.

ESPINOSA, B. *Espinosa*. São Paulo: Abril, 1983.

FACHINETTO, E. A. *Leitura e escrita em ambiente digital: o hipertexto e as autonarrativas como potencializadores de transformações cognitivo-afetivas*. 2006. Dissertação (Mestrado) – Programa de Pós-Graduação em Letras, Universidade de Santa Cruz do Sul, Santa Cruz do Sul, 2006.

FREEMAN, W. A fisiologia da percepção. *Revista Mente e cérebro - Edição especial Percepção*. São Paulo: Duetto, 2005.

GLEICK, J. *Chaos: the amazing science of the unpredictable*. London: Vintage, 1988.

GORCZEVSKI, D.; PELLANDA, N. *"A engenharia do laço social" sobe o morro*. In: PELLANDA, N. M. C.; PELLANDA, E. *Ciberespaço: um hipertexto com Pierre Lévy*. Porto Alegre: Artes & Ofícios, 2000.

HOLLOWAY, M.O cérebro reconfigurado. *Revista Scientific American Brasil*, n. 17. São Paulo: Duetto, 2005.

KUHN, T. S. *A estrutura das revoluções científicas*. São Paulo: Perspectiva, 1992

LEÃO, L. *O labirinto da hipermídia. Arquitetura e navegação no ciberespaço.* São Paulo: Iluminuras, 1999.

LÉVY, P. *A conexão planetária*. São Paulo: Ed. 34, 2001.

MATURANA, H. *Uma nova concepção de aprendizagem*. Belo Horizonte: Revista Dois Pontos. Outono/inverno 1993

MATURANA, H. La educación: un ejercicio de humanidad. *Revista de Educación*, Ministério de Educación, n. 228, septiembre, Santiago, 1995.

MATURANA, H. *Da biologia à psicologia* 3. ed. Porto Alegre: Artes Médicas, 1998.

MATURANA, H. *Transformacion*. Santiago: Dolmen, 1999a.

MATURANA, H. *Emociones y linguaje*. Santiago: Hachette, 1991.

MATURANA, H. *A ontologia da realidade*. Belo Horizonte: UFMG, 1999b.

MATURANA, H. *El sentido de lo humano*. Santiago: Dolmen, 1994.

MATURANA, H. *La realidad: objectiva o construída*. 1.vol. Barcelona: Anthropos : 1997.

MATURANA, H.; VARELA, F. *Autopoiesis and cognition*. London: D. Reidel Publishing Company, 1980.

MATURANA, H.; VARELA, F. *El arbol del conocimiento*. Santiago: Universitária, 1990.

MATURANA, H.; VARELA, F. *De máquinas y seres vivos*. Santiago: Universitária, 1995.

MATURANA, H.; NISIS, S. *Formacion humana y capacitacion*. Santiago: Dolmen, 1997.

MATURANA, H.; BLOCH, S. *Biologia del emocionar Alba Emotion*. Santiago: Dolmen, 1998.

MATURANA, H.; PORKSEN, B. *Del ser al hacer*. Santiago: J.C. Saez, 2004.

MORAES, M. C. *Educar na biologia do amor e da solidariedade*. Petrópolis: Vozes, 2003.

MORIN, E. *Introdução ao pensamento complexo*. Lisboa: Instituto Piaget, s/d.

NAFARRATE, J. In: MATURANA, H. *La realidad: objetiva o contruida?* V.II Barcelona: Anthropos, 1997.

NIETZSCHE, F. *Breviário de citações. (Fragmentos e aforismos)*.São Paulo: Princípio. 1996.

OLIVEIRA, C. C. *A educação como processo auto-organizativo*. Lisboa: Instituto Piaget, 1999.

OLIVEIRA, C. C. A lógica da observação. Contributos para o esclarecimento do conceito construtivismo. *Revista Diacrítica*, n. 17, v. 3 Universidade do Minho, Braga, 2003.

REFERÊRNCIAS

OLIVEIRA, C. C. *Auto-organização, educação e saúde*. Coimbra: Ariadne, 2004.

PAKMAN, Marcelo. In: VON FOERSTER. *La semillas de la cibernetica*. Barcelona: Gedisa, 1996

PELLANDA, N. M. C. *Escola e produção de subjetividade*. Tese de Doutorado. Programa de Pós-Graduação em Educação. UFRGS. 1992.

PELLANDA, N. M. C. *Construção de onto-epigênese na perspectiva da complexidade: um desafio para epistemólogos e educadores*. Paper apresentado no 29º Encontro da ANPEd. Caxambu, 2006.

PELLANDA, N. M. C. *Projeto capilaridade: uma experiência com jovens em situação de vulnerabilidade social*. In: PELLANDA, N. M.C.; SCHLUNZEN, E. T. M., SCHLUNZEN JUNIOR, K. *Inclusão digital: tecendo redes afetivas/cognitivas*. Rio de Janeiro: DP&A, 2005

PELLANDA, N. M. C. Sofrimento escolar como impedimento de construção de conhecimento/subjetividade. *Revista Educação & Sociedade*, n. 105, p. 1069-1088, vol. 29, Set./Dez., Campinas, 2009.

PELLANDA, N. M. C.; PELLANDA, L. E. C. *Psicanálise hoje: uma revolução do olhar*. Petrópolis: Vozes, 1996.

PIAGET, J. *O nascimento da inteligência na criança*. Rio de Janeiro: Zahar, 1982.

PIAGET, J. *Epistemologia genética*. São Paulo: Abril, 1983.

PRIGOGINE, I. In: INHELDER e cols. *Epistemologia genética e equilibração*. Homenagem a Jean Piaget. Lisboa: Horizonte, 1976.

PRIGOGINE, I. *O fim das certezas*. São Paulo: UNESP, 1996

TEILHARD DE CHARDIN, P. *L'Avenir de L' Homme*. Paris: Seuil, 1959.

TEILHARD DE CHARDIN, P. *El fenomeno humano*. Barcelona, Taurus, 1974

THIBAUDET, A. *Le Bergsonisme*. Paris: Gallimard, 1923. 10. ed. Taurus, 1974.

TURKLE, S.*Life on the screen*. New York: Touchstone, 1997.

TURKLE, S. *The Second Self - Computers and the Human Spirit*. New York: Simon and Shuster, 1984.

VON FOERSTER, H. *La semillas de la cibernetica*. Barcelona: Gedisa, 1996.

VON FOERSTER, H. *Undertanding understanding: Essays on Cybernetics and Cognition*. New York: Springer, 2003.

YOGANANDA, P. *Autobiografia de um Yogue*. São Paulo: Summus, 1981.

LEITURAS RECOMENDADAS

MATURANA, Humberto. El sentido de lo humano. Santiago: Dolmen, 1994.

MATURANA, Humberto. La educación: un ejercicio de humanidad. *Revista de Educación*, Ministerio de Educacion, n. 228, septiembre, Santiago, 1995.

MATURANA, Humberto. *Emociones y lenguaje en educacion y política*. 4. ed. Santiago: Hachette, 1991.

MATURANA, Humberto. *Da biologia à psicologia*. 3. ed. Porto Alegre: Artes Médicas, 1998.

MATURANA, Humberto. *A ontologia da realidade*. Belo Horizonte: Ed. UFMG, 1999.

MATURANA, Humberto. *Formação humana e capacitação*. Petrópolis: Vozes, 2001.

MATURANA, Humberto. *A árvore do conhecimento: as bases biológicas da compreensão humana*. São Paulo: Palas Athena, 2002.

MATURANA, Humberto. *De máquinas e seres vivos. Autopoiese a organização do vivo*. Porto Alegre: Artes Médicas, 1997.

MORAES, Maria Candida. *Educar na Biologia do Amor e da Solidariedade*. Petrópolis: Vozes, 2003.

MORIN, Edgar. *Introdução ao pensamento complexo*. Lisboa: Instituto Piaget, s/d.

OLIVEIRA, Clara da Costa. *A educação como processo auto-organizativo*. Lisboa: Instituto Piaget, 1999.

OLIVEIRA, Clara da Costa. *A lógica da observação – contributos para o esclarecimento do conceito construtivismo*. Braga: Universidade do Minho, 2003.

OLIVEIRA, Clara da Costa. *Auto-organização, educação e saúde*. Coimbra: Ariadne, 2004.

SITES DE INTERESSE

http://www.geocities.com/pluriversu/educacion

http://www.matriztica.org

http://www.humanitates.ucb.br/2/maturana.htm

http://www.unesco.cl/medios/biblioteca/documentos/sentidos_da_educacao_e_da_cultura_um_encontro_instigante_revista_prelac_portugues_2.pdf

http://www.comitepaz.org.br/HMaturana.htm

http://www.dhnet.org.br/direitos/direitosglobais/paradigmas/maturana/oqueeducar.html

http://www.ece.uiuc.edu/pubs/centhist/six/bcl.htm

CRONOLOGIA DE HUMBERTO MATURANA

1928 – Nasce em Santiago, Chile, Humberto Maturana

1948 – Ingresso no Curso de Medicina

1950 e anos seguintes – Trabalha com o cientista Warren McCullouch, pioneiro da Epistemologia Experimental. A partir dessa colaboração, Maturana desenvolve trabalhos revolucionários na área de neurofisiologia da percepção que se tornaram paradigmáticos e serviram de base para a Teoria da *Autopoiesis*, desenvolvida em colaboração com seu aluno Francisco Varela.

1958 – Conclui PHD em Biologia pela Harvard University

1958/1959 – Pesquisador do Massachussets Institute of Technology (MIT).

1960 – Regresso ao Chile e encontro com Francisco Varela

1968 – Heinz Von Foerster, o pai da II Cibernética, convida Maturana para integrar a equipe do BCL (Biological Computer Laboratory) em Illinois.

1970 – Início de sua colaboração com Francisco Varela.

1973 – Publicação *De máquinas e seres vivos* – livro fundante da Biologia do Conhecer.

1994 – Recebe o Prêmio da Academia Chilena de Ciências pelo conjunto de sua obra científica.

2000 – Fundação do Instituto Matríztico, onde na atualidade continua seus estudos.

A AUTORA

Nize Maria Campos Pellanda é brasileira e nasceu em Porto Alegre, Rio Grande do Sul. Casada com o médico psicanalista Luiz Ernesto Cabral Pellanda há 44 anos, é mãe de Lucia, Eduardo e Roberto, e avó de Marina e Rodrigo.

Durante 25 anos foi professora da rede estadual de ensino do Rio Grande do Sul e teve sua carreira de educadora de ensino fundamental e médio pautada pela inconformidade com a inadequação entre a escola e a vida. Por aí começou sua formação acadêmica com mestrado e doutorado voltado para os temas da violência simbólica praticada pela escola, através da desconsideração das necessidades fundamentais dos seres humanos. Sua dissertação de mestrado sob o título *Educação e ideologia no Brasil pós-64* foi publicada pela Editora Mercado Aberto de Porto Alegre, em 1986. No mesmo ano, foi lançada uma biografia de José Antonio Flores da Cunha de sua autoria, tendo como fundo a história do Brasil e do Rio Grande. Como professora de História, dedicou-se paralelamente à pesquisa histórica tendo publicado inúmeros artigos em jornais brasileiros como também o livro Perfil parlamentar de Flores da Cunha editado em 1984, pela Editora do Congresso Nacional.

A autora exerceu também atividades junto a movimento de trabalhadores, tendo assessorado o Sindicato dos Trabalhadores em indústrias Metal-Mecânicas do Rio Grande do Sul e outras entidades de trabalhadores. Nessa linha de atuação, fundou, com um grupo de companheiras educadores populares e pesquisadoras das questões relacionadas a conhecimento e trabalhador, a REDE – ONG do Novo Mundo do Trabalho.

Atualmente é professora e pesquisadora na Universidade de Santa Cruz do Sul (UNISC), onde trabalha no Departamento de Educação. Faz parte, como professora do quadro permanente, dos mestrados de Letras e de Educação. Coordena o GAIA (Grupo de ações e investigações autopoiéticas), cujo eixo teórico se organiza em torno dos pressupostos do Movimento de Auto-Organização e da Biologia do Conhecer. O objetivo principal dessas pesquisas é a abordagem da Educação à luz da complexidade.

No ano de 2007, fez estágio pós-doutoral na Universidade do Minho, em Portugal, sob a orientação da Dra. Clara da Costa Oliveira, que tem se destacado por suas pesquisas no Movimento de Auto-Organização. A partir dessa convivência, iniciou-se um projeto de pesquisa conjunto (UMINHO/UNISC) sobre "Dor e sofrimento na escola", do qual a autora participa como pesquisadora. Atualmente, exerce também a função de pesquisador-colaborador da Universidade do Minho.

Glossário

Acoplamento estrutural – Relação entre o sistema vivo e o seu meio na qual as interações do sistema são apenas perturbações. Elas se dão de tal maneira que daí emerge o trabalho de constituição dos seres vivos.

Acoplamento tecnológico – Relação entre o sujeito cognitivo e meio digital (máquina) na qual há uma imersão profunda do sujeito que conhece no ambiente.

Aprendizagem – Profundamente ligada ao processo de complexificação de um organismo onde este vai constituindo em níveis cada vez mais elaborados de significação em seu processo de viver, a partir da resposta desse organismo às perturbações externas e internas. A aprendizagem emerge quando o organismo seleciona o que realmente importa para a sua ontogenia.

Aleatório – Diz-se que uma sequência de fatos é aleatória quando não podemos prever os seus desdobramentos.

Auto-Organização – Princípio que apareceu com o conceito de homeostase de W. Cannon, mas se tornou de larga aplicação a partir do movimento cibernético. Esse princípio expressa o trabalho interno dos sistemas (vivos e não vivos), reconfigurando-se continuamente, ao se enfrentarem com as perturbações externas.

Behaviorismo – Teoria psicológica que trata do comportamento humano em termos de estímulo-resposta, ou seja, numa ênfase no meio e nos condicionamentos, ignorando a agência humana e a autonomia dos sujeitos no ato de conhecer.

Caos – Fenômeno negado pela ciência clássica e que está no centro das preocupações da ciência da complexidade. Essa trabalha com processos de organização a partir de turbulências iniciais nos quais estão embutidos os movimentos auto-organizativos, que são fundamentais para o novo paradigma.

Causalidade circular – A lógica implícita num sistema cibernético é circular no sentido em que a recursividade leva a complexificações crescentes, num movimento que não é linear, mas causador de reorganizações no grupo. Estas são consequências de efeitos que não são lineares, mas que voltam às causas iniciais e também se propagam através do círculo.

Cibernética – Ciência complexa que integra várias áreas do conhecimento e tem como escopo fundamental o estudo da mente à procura de padrões de organização. A Cibernética surgiu através do movimento cibernético constituído por um grupo de cientistas de vanguarda que se reunia sistematicamente durante dez anos, nos Estados Unidos, nas décadas de 1940 e 1950.

Cognição – "[...] é a ação efetiva (indutiva) ou o comportamento nesse domínio (domínio de interações). Os sistemas vivos são sistemas cognitivos e a vida como um processo é um processo de cognição. Esta afirmação é válida para todos os organismos, com ou sem sistema nervoso" (MATURANA; VARELA, 1980, p. 13).

Construtivismo piagetiano – Construção da inteligência a partir da ação do sujeito sobre o meio. Trata-se do processo através do qual cada sujeito epistêmico vai construindo sua inteligência adaptativa e o seu conhecimento.

Construtivismo radical – Expressão cunhada por Ernst Von Glasersfeld que amplia ainda mais a concepção piagetiana de construtivismo no sentido em que tudo é criado por nós, pela experiência, sendo que o conhecimento não se refere, uma realidade objetiva. Isso representou um rompimento importante com o chamado "realismo metafísico".

Conversações – "Tudo o que nós, seres humanos, fazemos como tal, o fazemos nas conversações" (H. Maturana). Para Maturana, as conversações são recorrências de linguajar e emocionar que constituem os humanos. Elas são parte fundamentais da teoria da Biologia do Conhecer.

Determinismo estrutural – Os seres vivos são seres determinados por sua estrutura de tal forma que tudo o que acontece com eles é determinado por sua estrutura em cada instante. A estrutura muda o tempo todo de acordo com o acoplamento estrutural, enquanto a organização permanece fixa.

Deriva natural – É fluir dos seres vivos no seu processo de acoplamento estrutural com as respectivas mudanças estruturais, o que se constitui na própria evolução.

Epistemologia – Teoria do conhecimento que trata das condições para o conhecimento e se este é seguro e verdadeiro. Preocupa-se com os estados superiores do conhecimento.

Epistemologia genética – Trata-se da teoria do conhecimento com o foco na gênese do conhecer, pois Piaget afirmava que não existem conhecimentos absolutos e que é preciso pensarmos nas condições nas quais emerge a inteligência. Nesse sentido, "tudo é gênese", como afirmava ele.

Epistemologia da Complexidade – Posições teóricas que emergem a partir das teorias de cunho cibernético, principalmente as teorias da Complexificação pelo ruído, de H. Atlan, e da Biologia do Conhecer de Maturana e Varela, que trazem situações revolucionárias para a ciência, forçando o nascimento de uma nova epistemologia. As referidas teorias que trabalham com um conhecimento de segunda ordem, ou seja, conhecer o conhecer, implicam a inclusão do observador no objeto observado.

Evolução – Processo de diversificação dos seres vivos através do tempo.

Filogenia – A história evolutiva de uma espécie.

Holismo – É a abordagem da realidade em termos das interações de suas partes tendendo sempre para um todo coerente e complexo.

Informação – É a diferença que realmente importa para o organismo. Na perspectiva da Segunda Cibernética, a informação nunca é exterior ao sistema.

Inteligência – Capacidade que um organismo desenvolve para adaptar-se a situações novas.

Máquinas alopoiéticas – Máquinas cujo produto é diferente delas mesmas e precisa, um operador inicial para colocá-las em funcionamento.

Máquinas autopoiéticas – Máquinas cujo produto são as próprias máquinas.

Ontogenia – Processo de desenvolvimento de um indivíduo no qual as relações que se estabelecem com o meio e consigo mesmo redundam num processo de produção de sentido que seja pertinente para o seu operar como ser vivo.

Representação – A ontogenia de um sistema vivo acontece a partir de uma contínua correspondência entre a ação de um organismo vivo e o seu ambiente, e não a partir de representações desse ambiente. Na consideração de sistemas fechados, como é o caso da Biologia do Conhecer, não podemos fazer corresponder as atividades do sistema nervoso com a existência de um mundo objetivo fora dele.

QUALQUER LIVRO DO NOSSO CATÁLOGO NÃO ENCONTRADO NAS LIVRARIAS PODE SER PEDIDO POR CARTA, FAX, TELEFONE OU PELA INTERNET.

Rua Aimorés, 981, 8º andar – Funcionários
Belo Horizonte-MG – CEP 30140-071

Tel: (31) 3222 6819
Fax: (31) 3224 6087
Televendas (gratuito): 0800 2831322

vendas@autenticaeditora.com.br
www.autenticaeditora.com.br

ESTE LIVRO FOI COMPOSTO COM TIPOGRAFIA GARAMOND LIGHT E IMPRESSO EM PAPEL OFF SET 75 G NA FORMATO ARTES GRÁFICAS.
